大中華賦

为中华民族的伟大复兴而歌

刘长允 著

中華書局

图书在版编目（CIP）数据

大中华赋／刘长允著．－北京：中华书局，2010.3（2014.3重印）
ISBN 978-7-101-07282-2

Ⅰ．大… Ⅱ．刘… Ⅲ．文化史－中国－青少年读物 Ⅳ．K203-49

中国版本图书馆CIP数据核字（2010）第032511号

书　　名　大中华赋
著　　者　刘长允
责任编辑　宋志军　陈　虎
封面设计　刘　洋
出版发行　中华书局
（北京市丰台区太平桥西里38号　100073）
http://www.zhbc.com.cn
E-mail:zhbc@zhbc.com.cn
印　　刷　北京瑞古冠中印刷厂
版　　次　2010年3月北京第1版
2014年4月北京第3次印刷
规　　格　开本/880×1230毫米　1/32
印张4¾　字数85千字
印　　数　19001-22000册
国际书号　ISBN 978-7-101-07282-2
定　　价　15.00元

盘古氏

盘古[1]开天，日出东方。昆仑巍巍，黄河泱泱。大化流行，万类咸章[2]。

① 盘古：神话传说中开天辟地之人。最早见载于三国时期徐整《三五历记》："天地混沌如鸡子，盘古生其中。万八千岁，天地开辟，阳清为天，阴浊为地。盘古在其中，一日九变。神于天，圣于地。天日高一丈，地日厚一丈，盘古日长一丈。如此万八千岁，天数极高，地数极深，盘古极长。故天去地九万里，后乃有三皇。"

② 万类咸章：众多物类，尽皆彰显。"章"同"彰"。

妇好墓出土的玉凤

三星他拉遗址出土的玉龙

巨龙腾空，彩凤飞翔。乾道成男，坤道成女①。

① 乾道成男，坤道成女：出自《周易·系辞上》。乾为天，坤为地，天地运行的规律（乾道、坤道）构成了人的不同禀赋：乾道构成男性，坤道构成女性，天、地、人相生相成，天人合一。

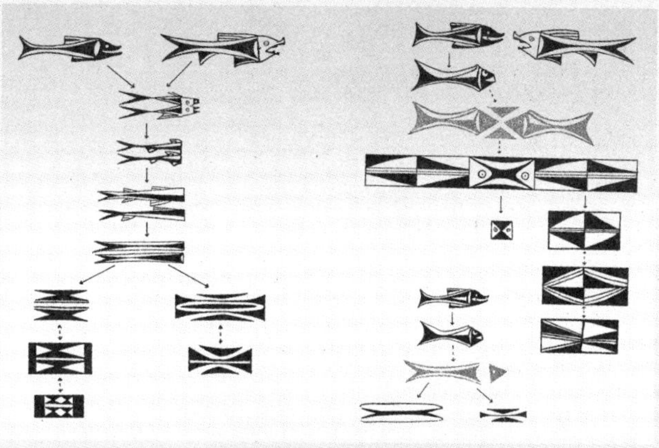

半坡遗址彩陶上的鱼纹演变关系图

山顶洞中燃起不灭之火[①]，半坡村[②]里传出歌声嘹亮。

---

① 20世纪30年代，在北京西南周口店龙骨山山顶洞穴内发现了我国晚期智人化石——"山顶洞人"化石。山顶洞人距今约三万年，当时已学会人工取火。

② 半坡村：位于陕西省西安市东郊。1953年春，在此发现了我国新石器时代重要的母系氏族村落遗址，其年代约为公元前4800—前4200年。

大汶口文化遗址中出土的太阳八卦象牙梳

爰有人类，即有中华。何为中华？中正而光大之谓也！

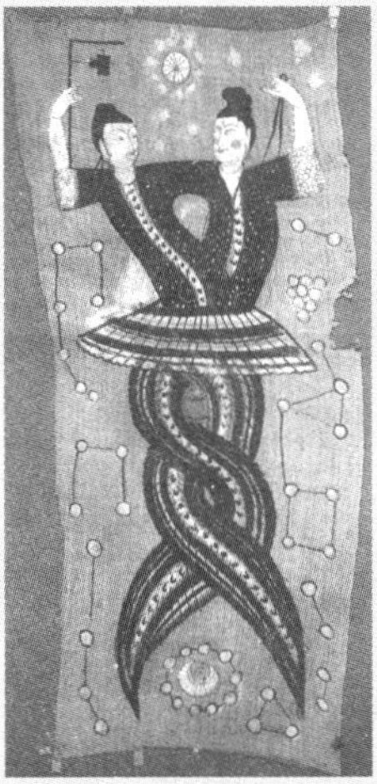

人首蛇身的伏羲女娲像(绢画)

大禹治水图

天本不倾，女娲①补天天增彩；地实有洪，大禹②治水水向东。

① 女娲：我国神话传说中的女神。相传女娲曾用黄土造人，并炼五色石补天。

② 大禹：我国父系氏族社会时期著名的部落联盟领袖。据记载，禹领导人民疏通江河，兴修沟渠，发展农业。在长达十三年的治水中，曾三过家门而不入。后以治水有功，被舜推为继承人。其子启建立夏朝。

天皇、地皇、人皇氏

三皇五帝[①]事虽邈，尧天舜日[②]犹可征。

① 三皇五帝：一般认为，“三皇”指伏羲、女娲、神农，也有说是天皇、地皇、人皇的；“五帝”指黄帝、颛顼（zhuān xū）、帝喾（kù）、唐尧、虞舜。

② 尧天舜日：唐尧、虞舜为传说中我国父系氏族社会时期两位著名的部落联盟首领，传说他们在位时期，天下太平，百姓安居乐业，后以“尧天舜日”比喻理想中的太平盛世。

黄帝像

炎帝像

诸祖争雄[1]无是非，万代子孙宗炎黄[2]。

① 诸祖争雄：指黄帝、炎帝和蚩尤之间的争斗。
② 炎黄：指炎帝和黄帝。宗炎黄：指以炎帝、黄帝为祖宗。

商王卜问秋季收获的牛骨(拓片)

后稷像

吾先民勤奋，艺植百谷，揉木为耒①，结绳为网，以佃②以渔，上栋下宇待风雨；

---

① 耒(lěi):古代用以翻土的农具。

② 佃(tián):同“畋”。打猎。

先秦时期瓦当上的弓箭手形象，
依稀保留有原始武士的模样

吾先民英武，搏击猛兽，服牛乘马[①]，披荆斩棘，跋山涉水，烈风雷雨而弗迷[②]。

① 服牛乘马：役使牛马驾车。出自《周易·系辞下》："服牛乘马，引重致远，以利天下。"

② 烈风雷雨而弗迷：指遇到暴风雨，镇定自若而不惊惧迷乱。出自《尚书·尧典》："纳于大麓，烈风雷雨弗迷。"

尤赞我先民之聪慧:仰观天文,俯察地理[①],近取诸身,远取诸物,创立文字,惊天地而泣鬼神[②]!想我中华五千年灿烂之文明,端赖神奇文字传承之伟功!

---

① 仰观天文,俯察地理:仰首以观看天文,俯首以察看地理。指多方或仔细观察。源于《周易·系辞上》:"仰以观于天文,俯以察于地理,是故知幽明之故。"

② 惊天地而泣鬼神:使天地为之震惊,使鬼神为之哭泣。刘安《淮南子·本经训》载:"昔者仓颉作书,而天雨粟,鬼夜哭。"

东汉郑玄注《周礼》内页。儒家大同思想最早在《礼记》中提出

夏商周秦汉，唐宋元明清。朝代有更替，长江后浪推前浪；期求无所变，富民强国大同[①]梦！

① 大同：人人平等自由，百姓安居乐业的社会景象。这是古代儒家追求的理想社会。

夏桀骑人辇图

商王成汤

商汤革命[①]，已知民听即天听[②]；周虽旧邦，更感维新事方成[③]。

① 商汤革命：指公元前17世纪中晚期商王汤推翻夏朝末代统治者夏桀的社会变革。

② 民听即天听：民众的听闻就是上天的听闻，民意即天意。源于《尚书·泰誓中》："天视自我民视，天听自我民听。"

③ 周虽旧邦，更感维新事方成：周虽然是旧的邦国，但已经意识到只有不断改革创新，才能使国家得以发展。源于《诗经·大雅·文王》："文王在上，於(wū)昭于天。周虽旧邦，其命维新。"

周公像（清人绘）

周公吐哺[①]，制礼作乐[②]，中华千秋存法统[③]。

① 周公吐哺：《史记·鲁周公世家》载："周公戒伯禽曰：'……我于天亦不贱矣，然我一沐三捉发，一饭三吐哺，起以待士，犹恐失天下之贤人。'"后用来比喻在位者礼贤下士和勤政敬业。

② 制礼作乐："礼"指周代所规定的社会秩序和等级制度；"乐"指伴随"礼"所使用的宫廷雅乐体系。二者构成了西周礼乐制度的主要内容。这里指西周初期，周公旦为巩固社会稳定而制定各种典章制度的活动。

③ 法统：指统治权力的法律依据。这里指周公制定的各种典章制度，即礼乐制度。这些制度不仅对维护当时等级制度、促进社会稳定有重大作用，而且对后代产生了深远的影响。

五霸七雄[1]各有志，风云激荡，尽显英雄真本色；司马大法[2]孙武[3]谋，以战止战，自古攻城非上策。

---

① 五霸七雄：五霸，指我国春秋时期先后称霸的五个诸侯，一般指齐桓公、晋文公、宋襄公、秦穆公、楚庄王。七雄是战国时期势力最强的七个诸侯国的统称，即齐、楚、燕、韩、赵、魏、秦。

② 司马大法：即《司马法》，亦称《司马穰苴兵法》、《军礼司马法》。该书较多地辑存了春秋及春秋以前的军事制度和军事思想，为中国古代重要兵学著作之一。

③ 孙武：字长卿，春秋时期齐国人，为我国古代著名军事家，被后世尊称为孙子、孙武子、兵圣等。他的军事著作《孙子兵法》被历代兵学家所推崇，被誉为“兵学圣典”。

始皇[1]称帝，一统四海，车同轨，书同文[2]，置郡县[3]，万里长城今犹在。

① 始皇：即秦始皇嬴政，中国封建社会历史上的第一位皇帝。

② 车同轨，书同文：即车轨相同，文字统一，比喻国家统一。公元前221年秦朝统一中国后，为巩固统一，秦始皇规定以小篆为标准文字，车轨统一宽度为六尺。这两项措施对促进经济发展和文化交流起了重要作用。

③ 置郡县：公元前221年秦统一天下后，秦始皇接受李斯的建议，废除分封制，在全国实行郡县制。即将全国分成36郡（后增至四十余郡），郡下设县，县下设乡、亭、里，郡守、县令（长）官均由朝廷任免。郡县制的实行，有效地加强了封建专制主义中央集权。

秦始皇陵兵马俑

项羽像

刘邦像

楚汉相争[①]，高祖[②]开业四百载，霸王[③]豪情冲云霄。

---

① 楚汉相争：指秦朝灭亡后，自公元前 206 年至公元前 202 年，楚霸王项羽和汉王刘邦之间为争夺天下而进行的一场大规模的战争，史称“楚汉战争”。

② 高祖：指汉高祖刘邦（前 256 前 195），西汉皇朝的开创者。

③ 霸王：指项羽（前 232—前 202）。项羽为秦末农民起义领袖，在巨鹿之战中摧毁秦军主力。秦亡后，自立为“西楚霸王“，并大封诸侯王。公元前 202 年，项羽在楚汉战争中被刘邦击败，自刎乌江。

“汉并天下”瓦当

文景之治[①]，仓溢贯朽[②]；武帝[③]雄略，开疆展土[④]。

① 文景之治：西汉文帝和景帝在位时期（前179—前141），政治清明，经济发展，史称“文景之治”。

② 仓溢贯朽：粮仓里粮食堆积充溢，国库里穿钱的绳子朽断。源于司马迁《史记·平准书》：“京师之钱累巨万，贯朽而不可校。太仓之粟陈陈相因，充溢露积于外，至腐败不可食。”

③ 武帝：即汉武帝刘彻（前156—前87），为西汉皇朝的第五位皇帝。

④ 开疆展土：这里指汉武帝在位期间经略边疆的一系列措施，如南平诸夷、北击匈奴、西通西域、开发西南夷、东服东胡等。这些措施的施行，奠定了以后中国古代疆域的基础。

嵇康像(南朝砖画)

魏晋[①]虽纷乱,开发江南,民族融合,体悟人生[②],华夏亦添新景致;

① 魏晋:这里泛指三国两晋南北朝时期(220—589)。这一时期的总体特征是封建国家长期分裂,民族融合进一步加强,南方经济逐步发展。

② 体悟人生:这里主要指魏晋风度,即魏晋士人不拘于礼法,不泥于行迹,“越名教而任自然”的独特生活方式。魏晋士人这种自我意识的觉醒,使精神上获得了极大的自由和解放,对中国后代文人和中国文化产生了深刻的影响。

隋祚[1]虽短促，开科取士[2]，兴建义仓[3]，名桥[4]遗世，京杭运河[5]荡清波。

① 祚(zuò)：皇位，国统。

② 开科取士：指隋朝开始设立“进士科”，选拔人才。进士科的设置，标志着科举制的诞生。

③ 义仓：隋朝为备荒赈灾而设置的专门粮仓。

④ 名桥：这里指隋朝杰出工匠李春设计并主持建造的赵州桥，又名安济桥，是世界上现存最古老的石拱桥。

⑤ 京杭运河：中国古代著名水利工程。隋朝为巩固封建政权和加强南北交通，在已有天然河道和古运河的基础上开通了一条纵贯南北的大运河。大运河以洛阳为中心，北起涿郡(今北京)，南至余杭(今杭州)，贯穿河北、河南、江苏、浙江等省，连接海河、黄河、淮河、长江、钱塘江五大水系，全长二千多公里。大运河的开通，对加强南北经济文化交流具有重要意义。

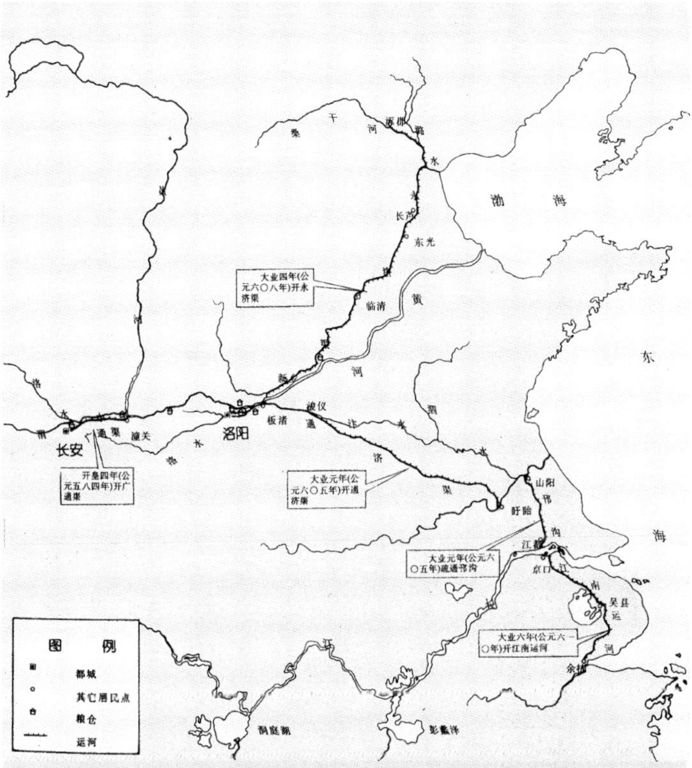

桑干河
涿郡
渤海
东光
临清
黄河
东
海
洛
长安
广通渠
潼关
洛水
洛阳
板渚
浚仪
通济渠
盱眙
山阳
邗沟
江都
京口
吴县
江南运河
余杭
洞庭湖
彭蠡泽
大业四年(公元六〇八年)开永济渠
开皇四年(公元五八四年)开广通渠
大业元年(公元六〇五年)开通济渠
大业元年(公元六〇五年)疏通邗沟
大业六年(公元六一〇年)开江南运河
图例
都城
其它居民点
粮仓
运河

隋　运河图

唐太宗像

唐玄宗像

夫惟吾大唐兮，更堪自豪：贞观[①]日月千般好，开元[②]风物最迷人。遣唐使[③]曾塞道路，他国丝竹随处闻。

---

① 贞观：唐太宗李世民在位时的年号（627—649）。贞观年间，政治清明，社会安定，经济发展，史称“贞观之治”。

② 开元：唐玄宗李隆基在位时的年号（713—741）。开元年间为唐朝极盛时期，史称“开元盛世”。

③ 遣唐使：指日本国为学习和引进唐朝先进的典章制度和文化知识，向唐朝派遣的使节。630 年至 894 年间，正式受派遣而到达唐朝的遣唐使据说有十几批次，人数多者达数百人。

宋祖[①]乃真英雄，陈桥兵变[②]，市不易肆[③]，杯酒论心，大将解印[④]，理性开国冠千古；

① 宋祖：指宋太祖赵匡胤(927—976)，北宋皇朝的建立者。

② 陈桥兵变：赵匡胤夺取后周政权的政变。后周显德六年(959)，周世宗病死，子柴宗训年幼即位，符太后摄政。次年，掌握兵权的殿前都检点赵匡胤，乘主少国疑(君主年幼初立，人心疑惧不安)之机，在赵普、石守信等的策划下，借口北汉和辽会师南下，率军从大梁(今河南开封)出发，北上防御，行至陈桥驿(今河南封丘东南陈桥镇)，授意将士给他穿上黄袍，拥立为帝，改国号为"宋"，史称北宋。

③ 市不易肆：肆，店铺。市场中的店铺并没有因政权的更迭而有所变化。"市不易肆"常被用作宋朝"开国气象"的代名词。

④ 杯酒论心，大将解印：指"杯酒释兵权"这一历史事件。建隆二年(961)，宋太祖与赵普定策，召集禁军将领石守信、高怀德、王审琦等宴饮，以高官厚禄为条件，迫使朝中大将交出兵权。开宝二年(969)，又以同样方式，罢王彦超、武行德、郭从义等节度使，消除了藩镇割据的隐患。

大宋犹有可书，重文崇儒[①]，安石变法[②]，樊楼灯火[③]，纸币交子[④]，南北漕运[⑤]，清明岁岁上河图。

---

① 重文崇儒：北宋政府兴学设教，提倡读书，尊重知识，优礼儒士，并实行不杀谏官、禁戮文臣、不以文字罪人等政策，改变了隋唐以来“重武轻文”的局面。

② 安石变法：即王安石变法。北宋中期，宋神宗为改变国家“积贫积弱”、社会矛盾日益严重的局面，决心变法图强，任用王安石变法。变法涉及财政、军事、文化教育等方面，主要内容有青苗法、募役法、农田水利法、方田均税法、保甲法、太学三舍法等。

③ 樊楼灯火：樊楼，是北宋时期汴京最繁华的一座大酒楼。这里用以说明北宋商业的繁荣。

④ 交子：中国最早的纸币。北宋前期，四川使用铁钱，体大值小，流通不便。商人发行一种纸币，称为“交子”。交子不仅是我国使用纸币的开始，也是世界上最早的纸币。

⑤ 南北漕运：漕运，是历代封建皇朝将征自田赋的部分粮食运往京师或其他指定地点的运输方式。北宋漕运长足发展，形成了以汴京为中心的漕运网，保证了京师和北方军民所需粮食，有利于国家统一，并因运粮兼带商货，促进了商品流通和南北经济的发展。

《清明上河图》描绘的汴京市肆。该图是北宋著名画家张择端的作品，
描绘了京城汴河两岸物阜民丰、兴旺繁荣的景象

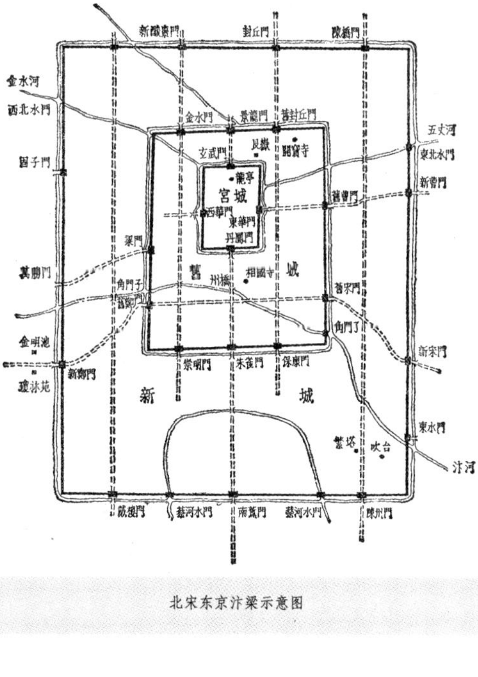

北宋东京汴梁示意图

成吉思汗像

忽必烈像

噫！一代天骄，成吉思汗[1]，何止弯弓射大雕：铁骑曾飙华夏风，健儿几望域外月。

---

① 成吉思汗：即元太祖铁木真（1162—1227），古代蒙古族著名首领、军事家和政治家。成吉思汗统一蒙古后发动了大规模扩张战争，除对金、西夏和南宋等作战外，还一直打到欧洲多瑙河流域。

觐见蒙古大汗图

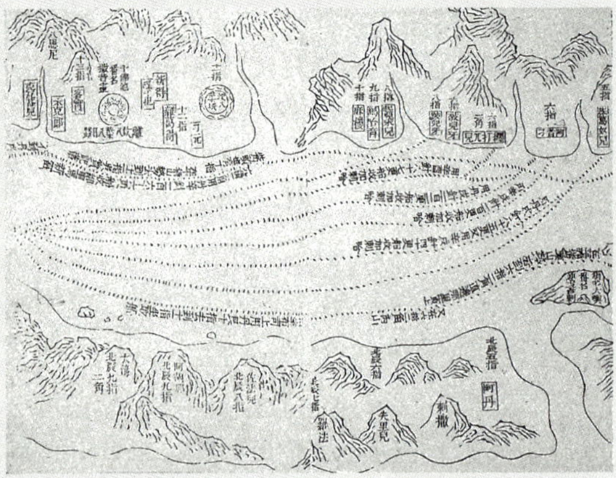

郑和航海图

大哉朱棣①，伟哉郑和②：宝船七下西洋，惊涛巨浪不为阻；嘉会数十友邦，只将仁爱布四方。

---

① 朱棣，即明成祖（1360—1424），在位期间曾派遣郑和六下西洋。

② 郑和：明代航海家。1405 年至 1433 年，郑和七下西洋，遍访三十多个国家和地区，最远曾到达非洲东海岸和红海沿岸，为世界航海史上的壮举。加强了中国与亚、非各国的经济、文化交流。

康熙皇帝朝服像

乾隆皇帝朝服像

康乾亦盛世兮[①]，人丁兴旺，生活殷实，天下一家欣同庆；九州一体，疆土再固，台湾宝岛入版籍[②]。

---

① 康乾盛世：清朝康熙、雍正、乾隆皇帝在位时期，国力强盛，社会安定，文化发展，史称“康乾盛世”。

② 台湾宝岛入版籍：指1662年郑成功赶走荷兰殖民者，收复台湾。1684年，清朝设置台湾府，隶属福建省。

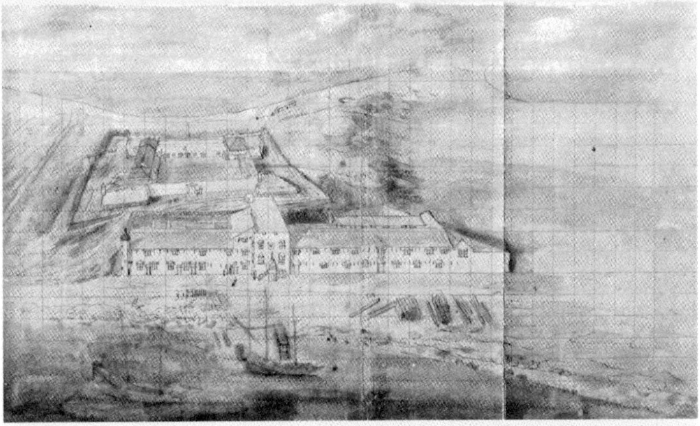

当年荷兰画家描绘的台湾城

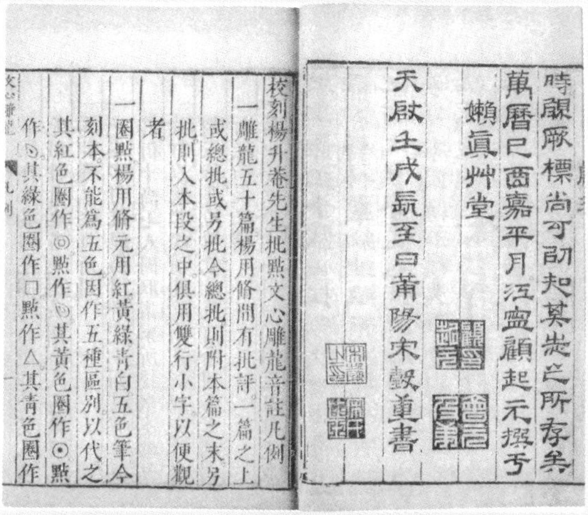
時閲厥標尚可即知其㫖之所存矣
萬曆己酉嘉平月江盈顧起元撰于
嬾眞艸堂
天啟壬戌䄵至日莆陽宋毂董書

校刻楊升菴先生批點文心雕龍音註凡例
一雕龍五十篇楊用脩間有批評一篇之上或總批或另批今總批則附本篇之末另批則入本段之中俱用雙行小字以便觀者
一圈點楊用脩元用紅黄緑青白五色筆今刻本不能爲五色因作五種區別以代之其紅色圈作◎點作◉其黄色圈作⊙點作◎其緑色圈作□點作△其青色圈作
文心雕龍 凡例

明刻本《文心雕龙》

吾大中华文化灿烂兮，日月同光。文言表万象，水性虚而沦漪结；华章载大道，木体实而花萼振[①]。

---

① 水性虚而沦漪结，木体实而花萼振：出自南朝梁刘勰《文心雕龙》。水流动所以有波纹，树体充实所以开出花来。

《三坟》、《五典》、《八索》、《九丘》[①]，洪荒之纪即有典；惟精惟一，允执厥中[②]，千古之道有心传。

---

① 《三坟》、《五典》、《八索》、《九丘》：传说中我国最古的典籍。三皇之书为《三坟》，五帝之典为《五典》，八卦之文为《八索》，九州之志为《九丘》。

② 惟精惟一，允执厥中：语出《古文尚书·大禹谟》："人心惟危，道心惟微，惟精惟一，允执厥中。"宋儒把这十六字看作尧、舜、禹心心相传的个人修养和治理国家的原则，故名"十六字心传"。允执厥中：真诚地坚持不偏不倚的正道。

孔子像

删《诗》、《书》，订《礼》、《乐》，赞《周易》，作《春秋》[①]，创儒学，为民立极，天叫孔子集大成；

① 《诗》、《书》、《礼》、《乐》、《周易》、《春秋》：即"六经"，是孔子整理并传授的六部先秦古籍。这六部儒家经典对中国古代社会的政治、经济、文化均产生了深远的影响。

倡仁爱，讲孝悌，肃纲常，贵中和，传六艺[①]，杏坛[②]春暖，仲尼秉烛照万年[③]。

---

① 六艺：西周学校教育内容。包括礼（礼仪制度、道德规范）、乐（音乐、诗歌、舞蹈）、射（射箭）、御（驾车）、书（文字读写）、数（算法）。

② 杏坛：相传孔子讲学处，位于今山东曲阜城里。《庄子·渔父》："孔子游乎缁帷之林，休坐乎杏坛之上。"后亦泛指聚徒讲学的地方。

③ 仲尼：孔子（前551—前479）的字，中国古代著名的思想家、教育家，儒家学说的创立者。后人以"天不生仲尼，万古长如夜"说明孔子在中国历史上的重要地位。

老子骑牛图

孔子讲学图

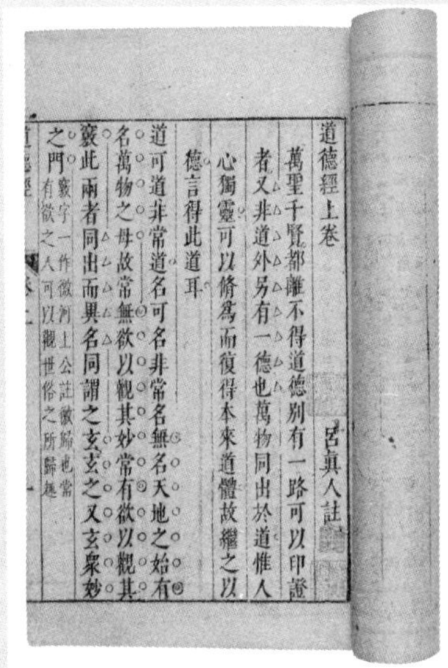
道德經上卷　呂真人註
萬聖千賢都離不得道德別有一路可以印證者又非道外另有一德也萬物同出於道惟人心獨靈可以脩爲而復得本來道體故繼之以德言得此道耳
道可道非常道名可名非常名無名天地之始有名萬物之母故常無欲以觀其妙常有欲以觀其竅此兩者同出而異名同謂之玄玄之又玄衆妙之門竅字一作徼河上公注徼歸也常有欲之人可以觀世俗之所歸趣

《道德经》书影

老聃①亦睿智矣！参透天地，道法自然，无为而治，知足常乐，教吾人生无烦扰；

① 老聃：即老子（约前580—前500）。春秋时期著名思想家，道家学派创始人。后被道教尊奉为太上老君。

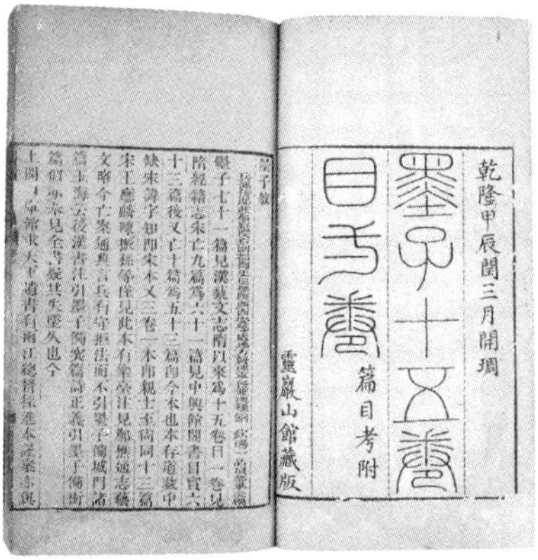

《墨子》书影

墨翟[①]亦伟大矣！兼爱非攻[②]，兴利除害，摩顶放踵[③]，扶危济困，舍己为人身作范。

---

① 墨翟：即墨子（约前 478—前 392）。春秋战国之际思想家，墨家学派创始人。

② 兼爱非攻：墨子思想的重要组成部分，即主张天下人互爱互助，反对发动不义战争。

③ 摩顶放踵：从头顶到脚跟都摩伤了。形容不畏劳苦，奋不顾身。

商鞅方升　商鞅变法时督造的一升量器

尚有名家①、法家②、阴阳家③，诸子百家齐争鸣。

① 名家：战国时期百家争鸣中以辩论名实问题为中心的一个思想派别，以惠施、公孙龙为代表。名家的特点是用比较严格的推理形式来辩论问题，但有时流于诡辩。该学派对我国古代逻辑学的发展有重要贡献。

② 法家：战国时期百家争鸣中的重要学派。起源于春秋管仲、子产，发展于战国李悝、商鞅、慎到和申不害等，集大成于韩非，提出了“法”、“术”、“势”相结合的治国观、历史是不断向前发展的哲学观、性恶论等，对中国古代法学思想影响很大。

③ 阴阳家：战国时提倡阴阳五行说的学派，以邹衍为代表。邹衍认为人类社会的发展受金、木、水、火、土五种因素的支配，以“五德终始说”论证社会历史的变革和朝代的更替，为新兴封建政权提供理论根据。

司马迁像

司马迁[1]撰著《史记》，有本纪，有世家，有列传，通古今之变，终成史家之绝唱；

① 司马迁：字子长（前145—约前86），夏阳（今陕西韩城南）人。西汉史学家、文学家和思想家。他所撰《史记》记事始于传说中的黄帝，止于汉武帝太初年间，包括三千多年的历史，尤详于战国、秦和汉初。全书分为十二本纪、十表、八书、三十世家、七十列传，是我国第一部纪传体通史。

中华历朝重修史，有《汉书》[①]、《后汉书》[②]、《三国志》[③]，凡二十五史[④]，博古通今何皇皇！

---

① 《汉书》：又称《前汉书》，东汉史学家班固（32—92）撰。记载了汉高祖刘邦至新莽共二百多年的历史，是研究西汉历史的重要资料，也是我国第一部纪传体断代史。

② 《后汉书》：南朝刘宋时期史学家范晔（398—445）撰。以纪传体例记载了东汉自光武帝刘秀至献帝刘协近两百年的历史。

③ 《三国志》：西晋陈寿（233—297）撰。记载了魏、蜀、吴三国鼎立时期的历史。《三国志》与《史记》、《汉书》、《后汉书》合称为“前四史”，历来被认为“正史”的典范。

④ 二十五史：我国列入正史的二十五种纪传体史书的总称。分别为《史记》、《汉书》、《后汉书》、《三国志》、《晋书》、《宋书》、《南齐书》、《梁书》、《陈书》、《魏书》、《北齐书》、《周书》、《南史》、《北史》、《隋书》、《旧唐书》、《新唐书》、《旧五代史》、《新五代史》、《宋史》、《辽史》、《金史》、《元史》、《明史》、《清史稿》。

关关雎鸠，在河之洲，三百篇[①]已开诗韵；《离骚》[②]、《九歌》[③]，屈子行吟[④]，后来大赋皆有源。

① 三百篇：指中国最早的诗歌总集《诗经》。《诗经》编成于春秋时代，共三百零五篇，又称“诗三百”。

② 《离骚》：战国时期著名诗人屈原（约前340—前278）的代表作，是我国古代最宏大的一篇抒情诗。《离骚》达到了思想性和艺术性的高度结合，对后世文学的发展产生了深远影响。

③ 《九歌》：《楚辞》篇名。一般认为是屈原根据楚地民间祭神乐歌改作或加工而成。共十一篇：《东皇太一》、《云中君》、《湘君》、《湘夫人》、《大司命》、《少司命》、《东君》、《河伯》、《山鬼》、《国殇》、《礼魂》。

④ 屈子行吟：指屈原在长期的流放生活中为抒发自己的忧郁彷徨和爱国忧民之心，创作了《离骚》、《九歌》、《天问》等二十多篇不朽的诗篇。对两汉及其以后的赋体创作产生了极其深远的影响。

李白像

李太白[①]豪放而浪漫，黄河之水天上来，奔流到海不复回[②]；

① 李太白：即李白（701—762），字太白，唐代诗人。以诗风雄奇豪放著称，被誉称为“诗仙”。

② 黄河之水天上来，奔流到海不复回：出自李白的《将进酒》诗。

杜甫像

杜子美[①]沉郁而奇绝，锦江春色来天地，玉垒浮云变古今[②]。

① 杜子美：即杜甫(712—770)，字子美，唐代诗人。杜甫的诗歌注重反映社会现实，诗风沉郁雄浑，语言凝炼，被尊称为“诗圣”。

② 锦江春色来天地，玉垒浮云变古今：出自杜甫的《登楼》诗。

苏轼像

苏东坡[①]词亦妙哉，明月几时有，把酒问青天[②]；

① 苏东坡：即苏轼(1037—1101)，号东坡居士，北宋文学家。

② 明月几时有，把酒问青天：出自苏轼的《水调歌头》词。

李清照像(清姜熏绘)

李清照[①]不让须眉,吟帘卷西风,人比黄花瘦[②]。

① 李清照:南宋著名女词人(1084—1155),号易安居士。

② 帘卷西风,人比黄花瘦:出自李清照的《醉花阴》词。

韩愈像

文章千古事，韩昌黎[①]著《原道》、《师说》[②]，雄文起八代之衰[③]；

① 韩昌黎：即韩愈（768—824），唐代文学家、哲学家。自称郡望昌黎，世称韩昌黎。

② 《原道》、《师说》：韩愈著名论说文。前者提出自尧、舜至孔、孟一脉相承的儒家"道统"说，以抗衡当时流行的佛教、道教思想；后者主要论述了教师的作用、从师的必要性以及择师的原则。

③ 文起八代之衰：出自苏轼所撰《潮州韩文公（韩愈）庙碑》。苏轼认为韩愈、柳宗元发起的古文运动改变了东汉以来道丧文弊的状态，是对韩愈文学成就的赞誉。"八代"指东汉、魏、晋、宋、齐、梁、陈、隋诸朝。

范仲淹像

得失寸心知，范仲淹[1]赋《岳阳楼记》，先天下之忧而忧。

① 范仲淹(989—1052)：北宋政治家、文学家。他在《岳阳楼记》中的名句“先天下之忧而忧，后天下之乐而乐”，传诵千古。

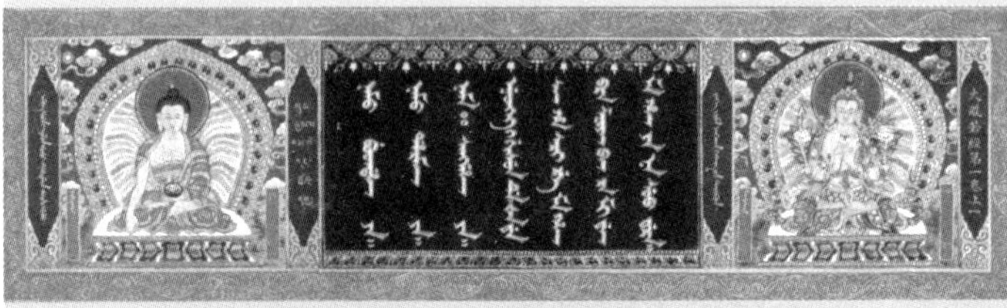

清　乾隆满文《大藏经》绘画

佛教[1]虽发祥于天竺[2]，吾志士仁人万里求法不辞远，有道相迎，与儒可融，莲花[3]终究开中土[4]；

---

① 佛教：世界四大宗教之一。相传为公元前6至前5世纪中期古印度的迦毗罗卫国（今尼泊尔境内）王子释迦牟尼所创，广泛流行于亚洲的许多国家和地区。佛教于东汉时传入中国，后与儒、道相融合，成为中华文化的重要组成部分。

② 天竺：中国古代对古印度的别称。

③ 莲花：在佛教上被认为是西方净土的象征，是孕育灵魂之处。这里代指佛教。

④ 中土：中国。

紫禁城梵华楼内供奉的佛像

菩萨[①]本不分别于彼此，然吾善男信女诚心可以致灵，千手千眼，大慈大悲，异样青睐护炎黄。

① 菩萨：梵语 Bodhisattva［菩提萨埵(duǒ)］音译的简称。佛教指修行到一定程度、地位仅次于佛的人。

朱熹像

程朱理学[①]，民胞物与[②]，格物致知[③]，天理流行，欲为天地再立心；

① 程朱理学：宋代理学的主要派别。首创者为北宋时期的二程（程颐、程颢），集大成者为南宋时期的朱熹。程朱学派以天喻理，把人伦纲常提升到“天理”的高度，其思想精华在于突出了“理尊于势”的观念。

② 民胞物与：北宋张载的伦理学说，出自其《西铭》“民吾同胞，物吾与也”。张载从万物都是天地所生出发，要求爱一切人如同爱同胞手足，并进而关爱所有物类。

③ 格物致知：出自《礼记·大学》：“致知在格物，物格而后知至。”意即通过穷究事物的原理而获得知识。

陆九渊像

陆王心学[①]，心外无物，发明本心，剥落物欲，要为万世开太平！

① 陆王心学：南宋陆九渊和明朝王守仁学说的合称，亦称“心学”或“陆王学派”，是宋明理学的学派之一。陆九渊认为“宇宙便是吾心，吾心便是宇宙”；王守仁提出“心外无物”、“心外无理”。二人均主张“心即是理”，认为一切事物皆为“心”所派生。

乾隆抄本《红楼梦》书影

夫罗贯中[①]、施耐庵[②]、吴承恩[③]、曹雪芹[④]，俱为如椽通天大手笔；

① 罗贯中(约1330—1400)：元末明初文学家，著有《三国演义》。

② 施耐庵(约1296—约1370)：元末明初文学家，与罗贯中合著《水浒传》。

③ 吴承恩(约1500—1582)：明代文学家，著有《西游记》。

④ 曹雪芹(?—1763)：清代文学家，著有《红楼梦》。《红楼梦》与《三国演义》、《水浒传》、《西游记》被誉为中国古代的“四大名著”。

大观园图

《三国演义》、《水浒传》、《西游记》、《红楼梦》，皆是千古不朽之名著。

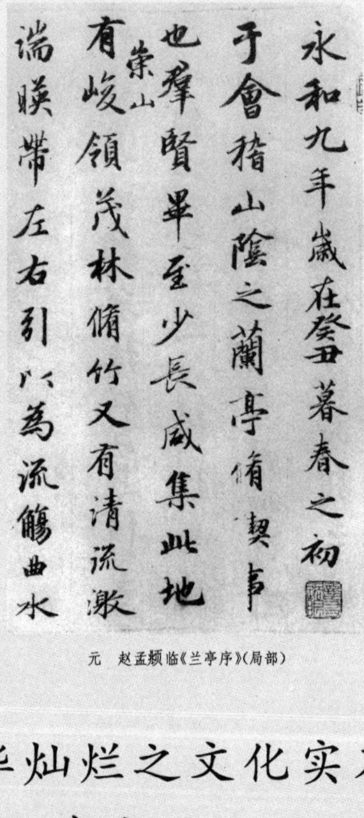

元　赵孟頫临《兰亭序》(局部)

吾中华灿烂之文化实乃不可尽叙，犹有书法和绘画，亦足以聚天地之灵，而表人间之情也！

宇宙只分阴阳，万物归类金木水火土[①]，大智弥纶天地之道；八卦[②]鉴往知来，推演全靠天干地支[③]，高妙与鬼神合其德。

① 金木水火土：即五行，中国古代哲学中的一种物质观。中国古代思想家把金、木、水、火、土这五种物质作为构成万物的元素，以说明世界万物的起源与多样性的统一。

② 八卦：即乾(☰)、坤(☷)、震(☳)、巽(☴)、坎(☵)、离(☲)、艮(☶)、兑(☱)。《周易》的六十四卦即由八卦两两相重组成。

③ 天干地支：天干，即甲、乙、丙、丁、戊、己、庚、辛、壬、癸；地支，即子、丑、寅、卯、辰、巳、午、未、申、酉、戌、亥。以十干同十二支相配，成甲子、乙丑、丙寅、丁卯……六十组，统称为"六十甲子"。古代用天干地支表示年、月、日和时的次序，周而复始，循环使用。

湖北随州曾侯乙墓出土的《二十八宿标示图》

辰宿列张①，星分二十八野②，先民人人知天文；

① 辰宿列张：星辰布满在无边的天空。源于刘安《淮南子·泰族训》中“天设日月，列星辰，调阴阳，张四时”。后南朝梁周兴嗣（？—521）在《千字文》中将其表述为“日月盈昃，辰宿列张”。

② 星分二十八野：即二十八星宿。指分布于黄道、赤道带附近一周天的二十八个星宿，中国古代选作观测日、月、五星在天空中的运行及其他天象的相对标志。野：界限，范围。

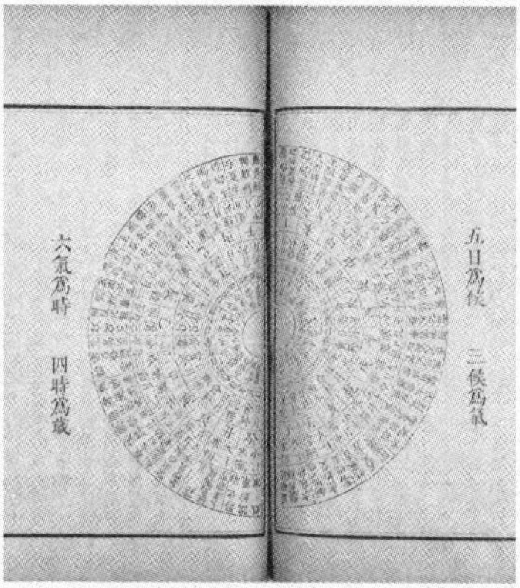

清刻本《钦定授时通考》

观象授时①，节有二十四气②，历法领先两千年。

① 授时：指古代颁行历书。

② 节有二十四气：即二十四节气。二十四节气是我国古代劳动人民长期对天文、气象、物候进行观测、探索、总结的结果。春秋战国时期逐步形成，秦汉时期完全确立。汉武帝太初元年（前104）实施的《太初历》首次将“二十四节气”订于历法，作为从事农事活动的主要依据。二十四节气分别为：立春、雨水、惊蛰、春分、清明、谷雨、立夏、小满、芒种、夏至、小暑、大暑、立秋、处暑、白露、秋分、寒露、霜降、立冬、小雪、大雪、冬至、小寒、大寒。

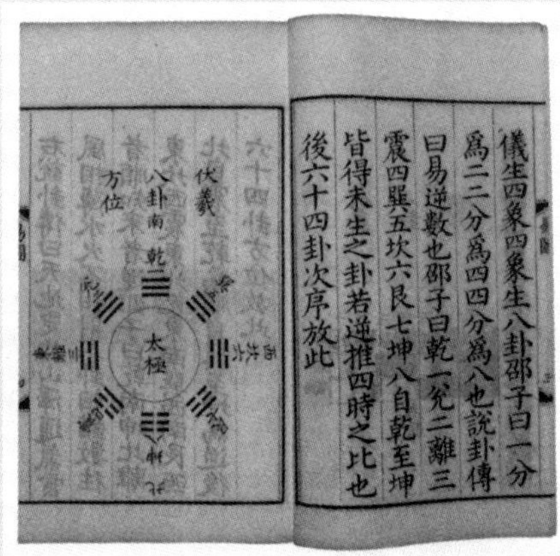

伏羲八卦方位

乾 南

太極

儀生四象四象生八卦邵子曰一分爲二二分爲四四分爲八也說卦傳曰易逆數也邵子曰乾一兌二離三震四巽五坎六艮七坤八自乾至坤皆得未生之卦若逆推四時之比也後六十四卦次序放此

朱熹撰《周易本义》之“伏羲八卦方位”

河图洛书①，九九归一，叁伍其变，华夏术数通幽冥；

① 河图洛书：古代儒家关于《周易》和《洪范》两书来源的传说。传说伏羲氏时，有龙马从黄河出现，背负“河图”；有神龟从洛水出现，背负“洛书”。伏羲根据这种“图”、“书”画成八卦，就是后来《周易》的来源。又说禹治洪水时，上帝赐给他以《洪范九畴》(《尚书·洪范》)。西汉学者刘歆认为《洪范》即为“洛书”。这一神话传说到宋代又发生了变化。南宋朱熹在《周易本义》中首列“河图”、“洛书”，以九为河图，十为洛书。朱熹的这种说法实际源于北宋道士陈抟的河图洛书思想。

商功均输[①]，勾股方程[②]，祖氏[③]圆率，《九章算术》[④]可测天。

① 商功、均输：《九章算术》中的两章。商功，指各种体积公式和土方工程工作量的分配算法；均输，指赋税的合理负担算法，及各种算术难题。

② 勾股方程：西方称“毕达哥拉斯定理”，即直角三角形两直角边的平方和等于斜边的平方。中国古代称两直角边为勾和股，斜边为弦。

③ 祖氏：即祖冲之（429—500），南朝著名的数学家、天文学家。他精确地推算出圆周率的近似值在3.1415926—3.1415927之间，是世界上第一个把圆周率准确数值推算到小数点后第七位的人。

④ 《九章算术》：中国古代重要的数学著作。其主要内容先秦已具备，秦焚书中散坏，后经西汉张苍、耿寿昌先后删补而成。分为九章：方田、粟米、衰分、少广、商功、均输、盈不足、方程、勾股。

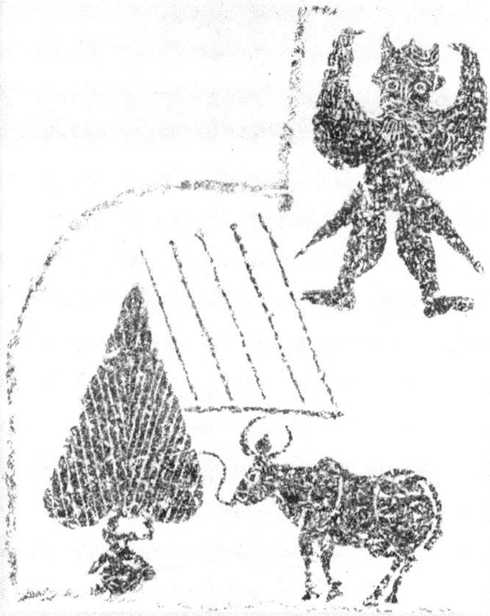

牛耕图(汉画像石)

四季分明,风调雨顺,家盼六畜兴旺,国庆五谷丰登,吾邦从来重农桑;

都江堰

修都江堰[①]，创区田法[②]，贾氏[③]《齐民要术》、光启[④]《农政全书》，汗水换来大有年[⑤]。

---

① 都江堰：战国时期秦国的蜀郡太守李冰父子主持修建的著名水利工程。都江堰采用“鱼嘴”分流，“旱则引水浸润，雨则杜塞水门”，集防洪、灌溉、航运功能于一体，为成都平原变成千里沃野创造有利条件。

② 区(ou)田法：西汉时期的一种农业耕作技术。这种方法是把土地划成许多小区，集中使用水肥，精耕细作，以提高单位面积产量。

③ 贾氏：即贾思勰，生卒年代不详，北魏(386—543)时人。著名农学家，著有《齐民要术》。

④ 光启：即徐光启(1562—1633)，明代著名科学家，著有《农政全书》等。

⑤ 大有年：大丰收。

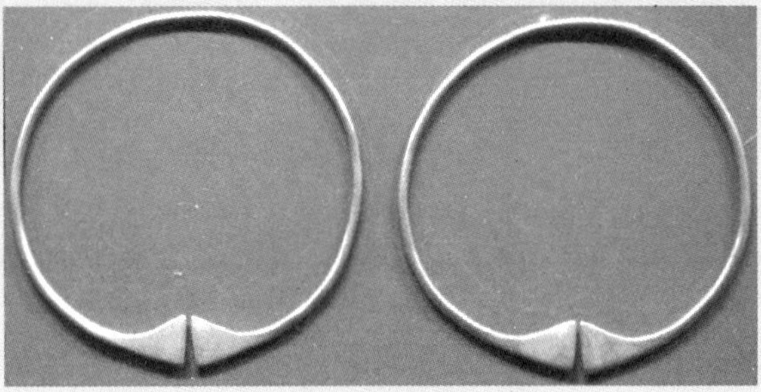

商　金臂钏

山山有宝藏，代代出大匠，烈火熔化金银铜铁锡；

司母戊青铜鼎

铸司母戊鼎[①]，炼绕指精钢[②]，世传吴王金戈越王剑。

① 司母戊鼎：商代晚期的青铜器。长方形，四足，通耳高133厘米，长110厘米，宽78厘米，重875千克，为现存最大的商代青铜器。鼎腹内有铭文“司母戊”三字，是商王文丁为祭祀其母戊而作。现藏国家博物馆。

② 绕(rào)指精钢：语出西晋刘琨《重赠卢谌》“何意百炼钢，化为绕指柔”。这种金属冶炼技术开始于我国的东汉时期，金属经反复锻打后，变得非常柔韧。“绕指”，即缠绕在指头上。

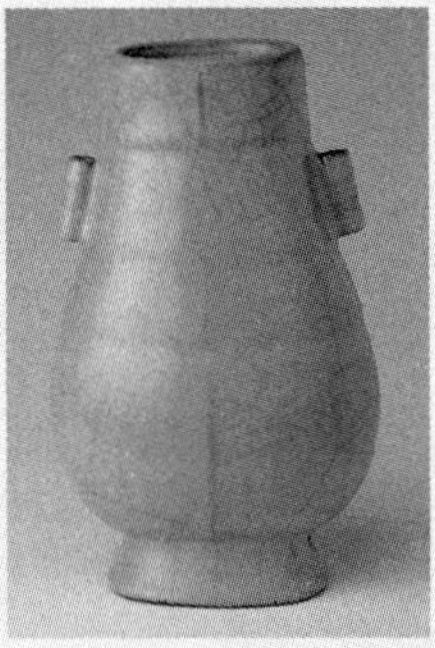

宋　官窑贯耳瓶

尧舜即善陶[①]，陶瓷本一源，唐有三彩[②]，宋有青红[③]，景德镇[④]瓷扬天下；

---

① 尧舜即善陶：指尧、舜时期，我国先民就已经掌握了较为先进的制陶技术，能够制造出种类多样、造型美观的陶器。

② 唐三彩：盛行于唐代的一种陶瓷器。所谓“三彩”，并不只限于黄、白、绿三种基本釉色，还有蓝色、红色等其他颜色。

③ 青红：这里指宋代盛行的一种瓷器。这种瓷器以土脉细润、体薄色青、略带粉红而著名。

④ 景德镇：位于江西东北部，邻接安徽。原名新平，因居昌江之南，又名昌南镇。北宋景德年间改称景德镇，以盛产瓷器驰名中外，有“瓷都”之称。

黑釉三彩马

如冰且似玉，千峰翠色来[1]，既为日用，又足鉴赏，竟将瓷器代中华[2]。

① 千峰翠色来：出自唐代诗人陆龟蒙的《秘色越器》诗："九秋风露越窑开，夺得千峰翠色来。"越窑青瓷是中国最久远的瓷器之一，是世界公认的"瓷母"，"秘色瓷"为越窑青瓷精品。

② "中国"英文名称"CHINA"即为"瓷器"之意，一说"CHINA"的英文发音源自景德镇的历史名称"昌南"。

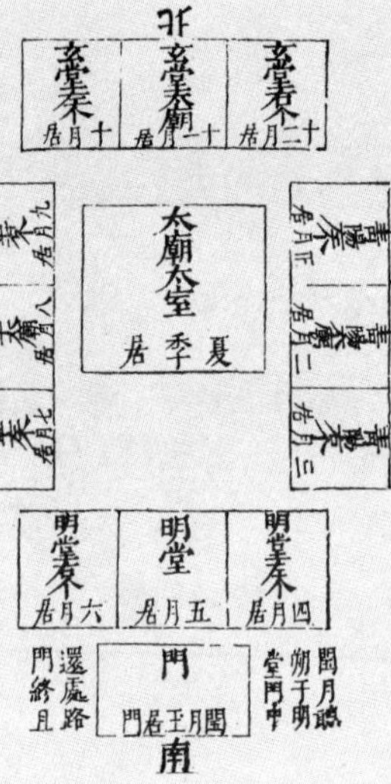

周　明堂图

吾族善营造，西周即讲明堂①，左盘青龙，右踞白虎，藏风得水宜人居；

---

① 明堂：古代天子宣明政教的地方，凡朝会及祭祀、庆赏、选士、养老、教学等大典，均于其中举行。“明堂”一词最早出现于《周礼·冬官·考工记》。

紫禁城太和殿

构琼楼玉宇，建亭榭台阁，雕梁画栋，勾心斗角①，庭院深深深几许。

① 勾心斗角：同“钩心斗角”。心，宫室的中心；角，檐角。形容建筑物的结构错综精密。

岐黄[1]传寿道，《黄帝内经》[2]、《伤寒杂论》[3]、《本草纲目》[4]，药散针砭除魔障；

---

① 岐黄：岐伯与黄帝的合称。相传为医家之祖，后以“岐黄”代指“中医学”。

② 《黄帝内经》：编成于战国时期，总结了我国春秋战国时期的医疗经验和医学理论成就，是我国现存最早的一部中医理论典籍。

③ 《伤寒杂论》，即《伤寒杂病论》，东汉张仲景（约 150—219）著。从辨症、立法、拟方、用药等各个环节，建立了一整套辨证治疗的医疗原则，标志着我国传统中医理论走向成熟。

④ 《本草纲目》：明代李时珍（1518—1593）著，52 卷。记载中草药 1892 种，并附一千一百余幅药图。系统地总结了我国 16 世纪以前的药物学知识与经验，是中国医药宝库中的一份珍贵遗产，对我国药物学的发展起了重大作用。

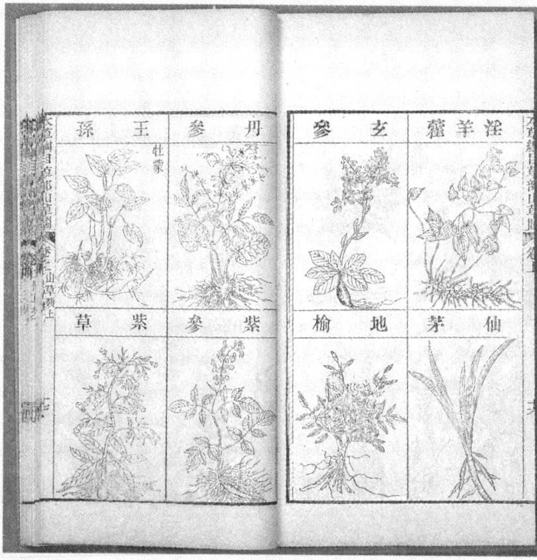

《本草纲目》内页

阴阳与虚实，望闻问切[①]，扶正祛邪，温补清泄，中华医术可回春。

---

① 望闻问切：又称“四诊法”，是传统中医治疗过程中最常用的诊病方法。望，指观气色；闻，指听声息；问，指问病情；切，指摸脉象。

水浮法指南针(模型)

吾中华儿女最堪骄傲者,乃四大发明①,亦予人类四大贡献也!

① 四大发明:指中国古代造纸术、印刷术、火药和指南针的发明。四大发明不仅对中国古代政治、经济、文化的发展产生了巨大的推动作用,而且对世界文明的发展也产生了深远影响。马克思曾指出:"火药、指南针、印刷术——这是预告资产阶级社会到来的三大发明。火药把骑士阶层炸得粉碎,指南针打开了世界市场并建立了殖民地,而印刷术则变成了新教的工具,总的来说变成了科学复兴的手段,变成对精神发展创造必要前提的最强大的杠杆。"

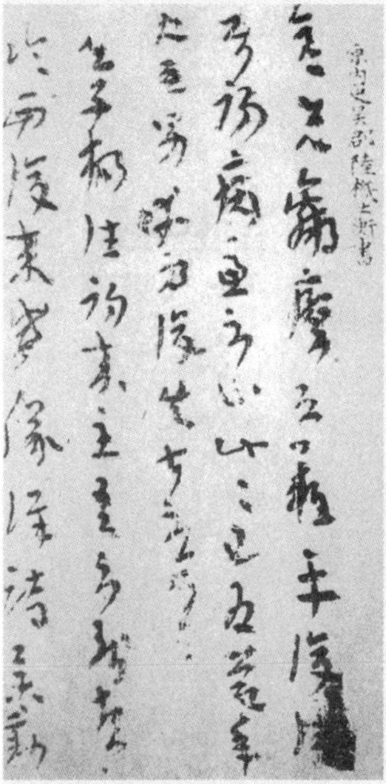

东汉麻纸

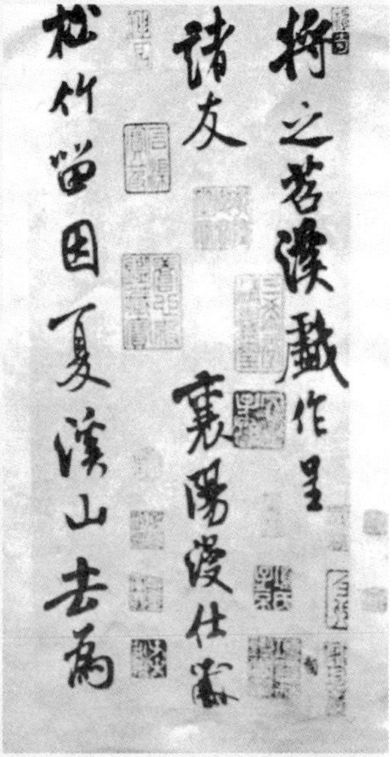

宋代粉笺

司南永指南，尘沙扑面知所趋；纸香传万国，文明之风吹新花；

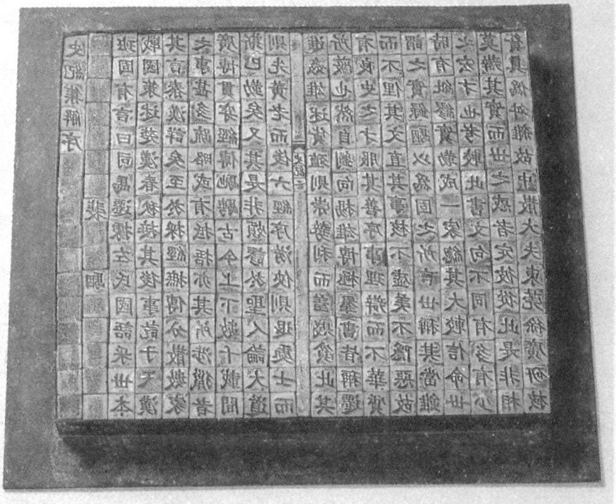

泥活字版

活字印刷功千倍，大巧原本是布衣①；火药虽烈不为暴，只向天边生彩霞。

① 布衣：布制的衣服，借指平民。这里指宋代发明家毕昇。毕昇本为从事雕版印刷的工匠，在长期实践中总结规律，发明了活字印刷术。

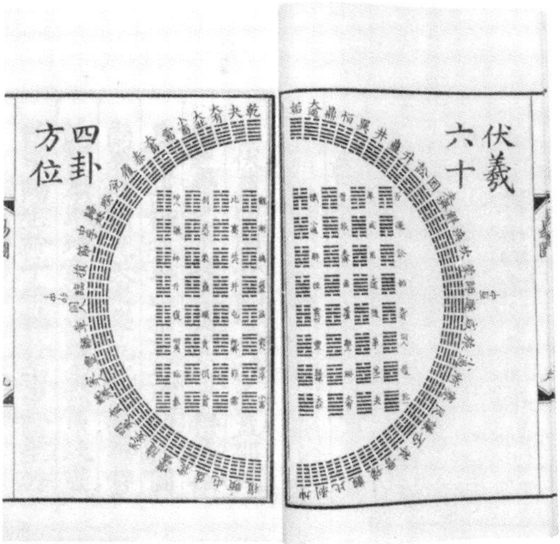

朱熹撰《周易本义》之“伏羲六十四卦方位”

天行健，君子以自强不息；地势坤，君子以厚德载物[①]。

① 天行健，君子以自强不息；地势坤，君子以厚德载物：出自《周易》。天道刚健，君子（效法此）当自强不息；地势柔顺，君子（效法此）当以宽厚之德容载万物。

华夏探得至道，一个“中”字协万理；神州获有大宝[①]，一个“和”字生万机。人与天合，阳光雨露春常在；人与人合，四海之内皆兄弟[②]；人与己合，淡定从容心安泰。

---

① 大宝：这里指中国传统文化的精华——和谐。《礼记·中庸》中有“中也者，天下之大本也；和也者，天下之达道也。致中和，天地位焉，万物育焉”，《论语》中也有“礼之用，和为贵”、“君子和而不同”等。和谐思想包含丰富而深刻的精神意蕴，具有十分重要的理论价值。

② 四海之内皆兄弟：语出《论语·颜渊》。原文是：“君子敬而无失，与人恭而有礼，四海之内，皆兄弟也。”

孟子像

仁者爱人，惟仁可依，仁是大情，故可杀身以成仁；义者宜也，惟义可就，义乃至公，故可舍生以取义。

苏武牧羊图（清代版画）

天地间本有正气，我族养之成浩然：富贵不能淫，贫贱不能移，威武不能屈[①]。

---

① 富贵不能淫，贫贱不能移，威武不能屈：出自《孟子·滕文公下》。金钱地位不能使之迷惑，贫苦穷困不能使之改变志向，权势武力不能使之屈服变节。

三军可夺帅也，匹夫不可夺志也[①]。苏武[②]牧羊，历千辛万苦，凛然持节[③]十九载；

① 三军可夺帅也，匹夫不可夺志也：出自《论语·子罕》。军队可以被夺去主帅，但男子汉不可以被夺去志气。

② 苏武（前140—前60）：字子卿，西汉杜陵（今陕西西安东南）人。天汉元年（前100）奉命出使匈奴，被扣留。匈奴多方威胁诱降，后又将其迁至北海（今贝加尔湖）边牧羊。苏武历尽艰辛，坚持十九年不屈。始元六年（前81），匈奴与汉修好，被遣归汉。

③ 节：符节。缀有牦牛尾的竹竿，古代使者出使时用作凭证。《后汉书·徐璆传》载："昔者苏武困于匈奴，不坠七尺之节。"这里引申为坚守节操，拒不投降。

文天祥像

天祥[①]忠义，甘血染黄沙，留取丹心照汗青[②]。

① 天祥：即文天祥(1236—1283)，南宋丞相、文学家。文天祥抗元被俘，面对威逼利诱，坚贞不屈，最后英勇就义。

② 留取丹心照汗青：留取这颗赤胆忠心，光照史册。汗青：史册。出自文天祥的《过零丁洋》诗："人生自古谁无死，留取丹心照汗青。"

林则徐像

惜身恋家必爱国，高莫过父母之邦，与国荣辱，苟利国家生死以；爱国必重大一统，最盼遐迩一体，为固金瓯[1]，岂因祸福避趋之[2]。

① 金瓯：黄金做的盆类器皿，比喻疆土完固，亦泛指国土。

② 苟利国家生死以，岂因祸福避趋之：出自林则徐的《赴戍登程口占示家人》诗。如果有利于国家社稷，将会把生死置之度外，怎么会考虑有祸害而逃避，有利益就追逐呢？

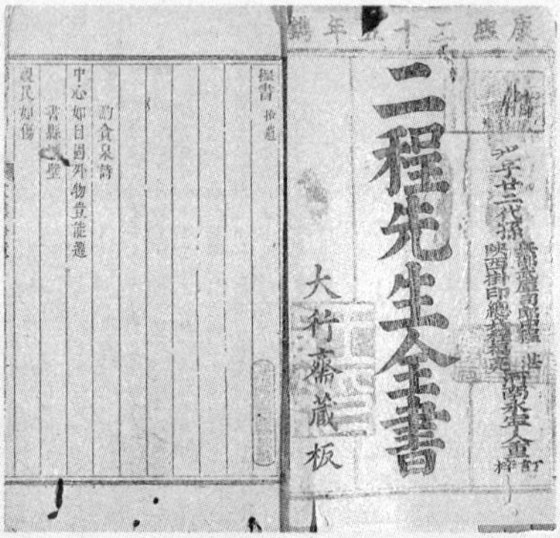

《二程先生全书》书影

乌鸦尚能反哺，教化自古重孝道，事亲在敬，寸草难报三春晖；人非生而知之，唯有师者可解惑，程门立雪[①]，一日之师终生恩。

---

① 程门立雪：程，指宋代理学家程颐（1033—1107）。立雪，站在雪地里。《宋史·杨时传》载："〔杨时与游酢（zuò）〕一日见（程）颐，颐偶瞑坐，时与游酢侍立不去。颐既觉，则门外雪深一尺矣。"后来用为尊师重道的典范。

养心莫大于诚，诚信百善出，一诺千金，俯仰无愧，中华做人有标准；察人可观其友，交友贵相知，管仲鲍叔①，子期伯牙②，高山流水颂友情。

---

① 鲍叔：即鲍叔牙（？—前 644）。春秋时期齐国的管仲（约前 725 前 645）和鲍叔牙相知很深，情谊感人。后常指交谊深厚的朋友为“管鲍之交”。

② 子期：即钟子期，春秋时期楚国人。《列子·汤问》载：“伯牙善鼓琴，钟子期善听。伯牙鼓琴，志在登高山，钟子期曰：‘善哉，峨峨兮若泰山！’志在流水，钟子期曰：‘善哉，洋洋兮若江河！’”后以“高山流水”为得遇知音或知己之典。

天地有大美不言，华夏向往真善美，松柏喻骨，梅兰比质，冰玉拟态，直叫清凉漫世界；夫妇乃人伦之始，爱情为情中之巅，举案齐眉[①]，梁祝化蝶[②]，白蛇传说[③]，竟使山河动颜色！

---

① 举案齐眉：案，有脚的托盘。《后汉书·梁鸿传》载："（梁鸿）为人赁舂，每归，妻为具食，不敢于鸿前仰视，举案齐眉。"后形容夫妻相敬相爱。

② 梁祝化蝶：古代凄婉动人的爱情故事传说。祝英台女扮男装与梁山伯同窗共读三年，感情深厚。祝回家前，向梁托言为妹做媒，嘱梁早日至祝家迎娶。后祝父将英台另许，英台抗婚不从。两人先后殉情而死，化成一对蝴蝶。

③ 白蛇传说：民间广泛流传的爱情神话传说。白蛇（白素贞）思凡下山，与侍女青蛇（小青）同至杭州，白素贞与药店伙计许仙结为夫妇。法海和尚以白、青为妖，几次从中破坏，并借佛法将白素贞镇于雷锋塔下。

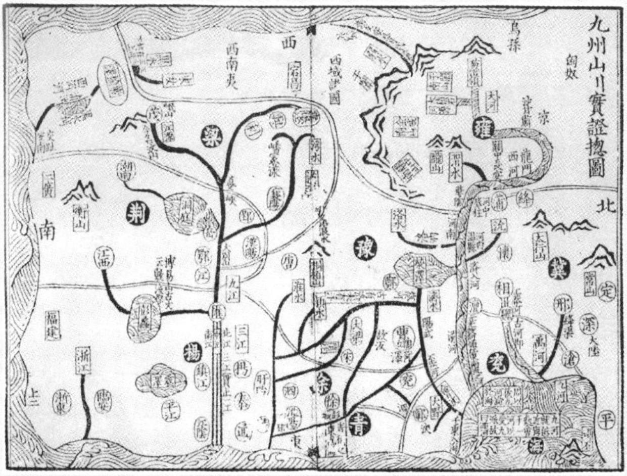

九州山川实证总图

日月有明暗，国运有盛衰。九州之外尚有九州①，一国之外尚有万国。

① 九州：中国上古时期的行政区划。《尚书·禹贡》的九州为冀、豫、雍、扬、兖、徐、梁、青、荆。后来，九州泛指中国。至战国时期的阴阳家邹衍又提出“大九州”说，论证中国只是全世界八十一州中的一州，每九州为一集合单位，称“大九州”，有海环绕，九个“大九州”另有大海环绕，再往外即天地的边际。

圆明园"天地一家春"烫样

鸦片战争[①]炮声，惊醒天朝上国[②]迷梦；西风欧雨[③]吹打，动摇巍巍汉阙秦宫。

① 鸦片战争：指 1840—1842 年英国对中国发动的侵略战争，即"第一次鸦片战争"。1840 年 6 月，英国以中国禁烟运动为借口，在美、法两国的支持下发动侵华战争。1842 年 8 月，英军进犯南京，清政府被迫向英军求和，并签订了丧权辱国的《南京条约》。鸦片战争以后，中国逐步沦为半殖民地半封建社会。

② 天朝上国：指以"天朝大国"自居的清朝。

③ 西风欧雨：指近代西方思想文化。

《星期日邮报》漫画——“正当的国际权利”

泱泱东方大国，竟置于岌岌可危之地：蚕食鲸吞，已效尤于接踵；瓜分豆剖，实堪虑于目前。

《辛丑条约》签字仪式

风雨如磐[①]，山河破碎：四万万人齐下泪，天涯何处是神州。

① 风雨如磐：磐，巨石。形容风雨极大，常用来比喻形势严峻，社会动荡。

北京社稷坛五色土

噫！吾五千年文明大国岂可一蹶不振，巨躯虽弱胆魄在；吾高贵之炎黄子孙哪堪久居人下，飞龙在天待时机。

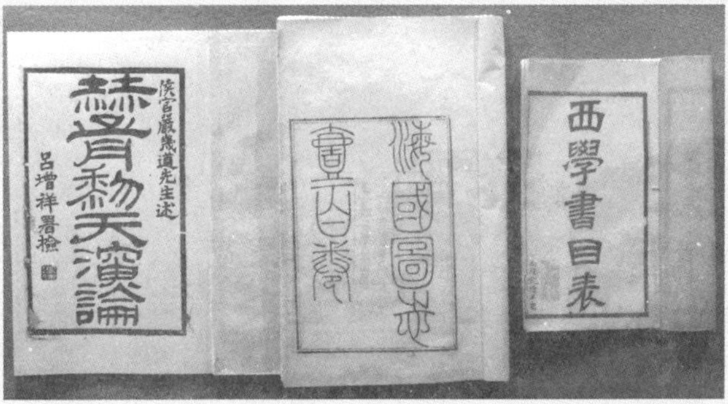

《海国图志》、《天演论》等书书影（黄源提供）

《海国图志》[①]、《瀛环志略》[②]，睡狮睁眼看世界；

① 《海国图志》：近代启蒙思想家魏源（1794—1857）撰。1842年，魏源受林则徐嘱托，根据《四洲志》和其他文献书刊编纂成书。该书记述世界各地及各国历史、政制、风土人情。书中主张学习西方的科学技术，提出“师夷长技以制夷”（学习西方先进技术以抵抗外国的侵略）的主张，对当时和后来的思想界产生了重大影响。

② 《瀛环志略》：徐继畬（1795—1873）撰，是近代中国人系统介绍世界史地知识的名著，1848年初刊。作者辑录中外有关著作，对各国史地沿革、风土人情及社会变迁广为记述，与魏源《海国图志》同为中国较早介绍世界地理和历史的重要著作。

严复像

物竞天择，适者生存①，自珍严复鸣先声②。

① 物竞天择，适者生存：出自严复译著《天演论》。原指自然界生物优胜劣汰的自然规律，后也用于人类社会的发展。

② 自珍严复鸣先声：自珍：指龚自珍（1792—1841），清末思想家、文学家及改良主义先驱。龚自珍抨击时弊，提倡变法，主张经世致用，开清代风气之先，被誉为“三百年来第一流”。严复（1854—1921）：中国近代资产阶级启蒙思想家、翻译家和教育家。严复除反对顽固保守，提倡变法革新外，还积极倡导西学启蒙教育，翻译了《天演论》、《原富》等著作，第一次把西方的古典经济学、政治学、自然科学和哲学理论较为系统地引入中国。

义和团使用过的鼓和号(孔兰平提供)

金田起义[①],义和团灭洋[②],从来民心可依仗;

① 金田起义:1851年1月11日,洪秀全、杨秀清等在广西桂平县金田村誓师起义,建号太平天国,起义军称太平军,从此展开了太平天国运动。

② 义和团灭洋:即义和团运动,是以农民和破产失业的城镇居民为主体的中国人民自发的反帝爱国运动。义和团源自义和拳、梅花拳、大刀会等民间秘密结社,最初流行于山东、直隶(今河北)等地,以设拳厂、练拳术等方式组织群众。1900年八国联军入侵,义和团在保卫京、津的廊坊和紫竹林等战斗中英勇奋战。后因八国联军的残酷镇压以及慈禧太后等当权者的出卖,义和团运动失败。

林则徐销毁鸦片水墨画，画师不详

虎门销烟[①]，三元里抗英[②]，百年奋争序幕开。

① 虎门销烟：针对鸦片输入给中华民族带来的深重灾难，道光帝命林则徐为钦差大臣赴广东查禁鸦片。1839 年 6 月，林则徐下令在虎门海滩当众销毁二百三十余万斤鸦片。虎门销烟是中国人民禁烟斗争的伟大胜利，显示了中华民族反对外来侵略的坚强意志。

② 三元里抗英：中国近代史上第一次人民群众自发的反侵略斗争。1841 年 5 月，盘踞广州四方炮台的英军到北郊三元里一带骚扰抢劫，激起当地人民的强烈反抗。三元里附近一百零三乡的五千义勇向四方炮台围攻，并诱敌至预设的包围圈牛栏冈，经一天激战，打死打伤敌人近 50 人，缴获大量战利品。

康有为像

公车上书[①]，痛陈国是，三千举子同振挽；

① 公车上书：公车，汉代举孝廉乘公车赴京，后以“公车”为举人入京应试的代称。1895年，清政府在中日甲午战争中失败，派李鸿章赴日本谈判，签订《马关条约》，引起全国人民的反对。5月2日，康有为联合各省在北京参加会试的举人一千三百余人联名上书，提出拒绝签约、迁都抗战、变法图强三项主张。史称“公车上书”。

梁启超像

谭嗣同像

康梁变法，百日维新[1]，嗣同[2]之血岂白流。

① 百日维新：又称“戊戌变法”。1898年（清光绪二十四年，戊戌年）6月11日，光绪帝采纳维新派康有为、梁启超的主张，下诏“明定国是”，连续发出数十道改革谕令，内容涉及政治、经济、军事和文教等方面。变法触动了以慈禧太后为首的顽固派的利益，9月21日，慈禧太后发动政变，囚禁光绪帝，逮捕维新人士，制造了“戊戌六君子”（谭嗣同、康广仁、林旭、杨深秀、杨锐、刘光第）惨案。变法历时103日，史称“百日维新”。

② 嗣同：即谭嗣同（1865—1898），近代著名的思想家、政治家。戊戌变法失败后遇害。

清帝退位诏书

孙中山[①]立志救国，首倡振兴中华，创同盟会[②]，辛亥革命[③]功勋著；

① 孙中山(1866—1925)：名文，号逸仙，广东香山人。中国近代伟大的资产阶级民主革命家。

② 同盟会：即中国同盟会，中国近代资产阶级革命政党。1905 年，孙中山在日本东京创立，提出了“驱除鞑虏，恢复中华，建立民国，平均地权”的革命纲领。

③ 辛亥革命：中国近代资产阶级民主主义革命。1911 年 10 月 10 日武昌起义爆发，各省响应，两个月内即有鄂、湘、陕等十数省宣布独立，清王朝迅速解体。12 月，选举孙中山为中华民国临时大总统。1912 年元旦，孙中山在南京宣誓就职，宣告中华民国临时政府成立。1911 年是旧历辛亥年，历史上把这次革命称为“辛亥革命”。

孙中山像

奔走国事三十年，历数十次起义，愈挫愈奋，千年帝制终推倒。

李大钊像

陈独秀像

五四运动[①]，思想新潮涌，大钊[②]、独秀[③]鼓新说，救国救民，科学民主可作舟；

① 五四运动：即1919年5月4日爆发的中国人民反帝反封建的爱国运动。五四运动促进了新文化运动的深入发展及马克思主义同中国工人运动的结合，为中国共产党的成立做了思想上和干部上的准备。

② 大钊：即李大钊（1889—1927）。中国无产阶级革命家，最早的马克思主义者，中国共产党的创始人和早期主要领导人之一。

③ 独秀：即陈独秀（1879—1942）。中国共产党的创始人和早期主要领导人之一。

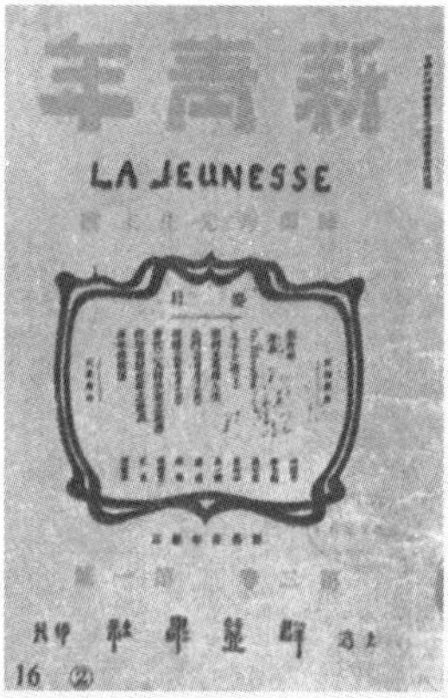

《新青年》封面

志士仁人，探索千条路，九天之雷接地火，水到渠成，马列主义[①]传中国。

---

① 马列主义：马克思主义和列宁主义的合称。马克思主义是马克思和恩格斯共同创立的科学理论体系，是工人阶级及其政党的世界观和指导思想。列宁主义是列宁在新的历史条件下总结俄国无产阶级革命和社会主义建设经验的基础上，创造性地发展了马克思主义，把马克思主义推进到一个新阶段。俄国十月革命后，马列主义传入中国，对中国革命产生了广泛而深远的影响。

中国共产党第一次全国代表大会会址

中国共产党诞生，镰刀斧头昭日月，毛泽东、周恩来等皆天降之才，天下归心，一代英杰风云会；

要实现大同理想，宗旨为人民服务，志坚可跋山涉水二万五千里①，星火燎原②，华夏从此纪新元。

① 二万五千里：即二万五千里长征，简称“长征”，是第二次国内革命战争时期中国工农红军主力从长江南北各根据地向陕北革命根据地进行的战略大转移。1934 年 10 月开始，1936 年 10 月结束，历时两年，行程二万五千里。红军长征转战十四个省，历经四渡赤水、抢渡金沙江、强渡大渡河、飞夺泸定桥、爬雪山、过草地等曲折，战胜了重重艰难险阻，保存和锻炼了革命的骨干力量，将中国革命的大本营转移到了西北，为开展抗日战争和发展中国革命事业创造了条件。

② 星火燎原：燎：烧。小火花可以烧遍整个原野。语出《尚书·盘庚上》：“若火之燎于原，不可向迩。”比喻开始时显得弱小的新生事物有旺盛的生命力和广阔的发展前途。这里指在中国共产党倡导的土地革命、武装斗争和革命根据地三者相结合的政策指引下，中国革命将成燎原之势，并最终取得胜利。

八一南昌起义浮雕

秋收暴动[①]，南昌八一起义[②]，为有牺牲多壮志；

① 秋收暴动：指 1927 年中国共产党在湘、鄂、赣、粤等省领导的工农武装起义。这一系列起义部队中以毛泽东领导的湘赣边界秋收起义的规模和影响最大。毛泽东领导秋收起义部队攻占县城受挫后转向农村，创建了第一个农村革命根据地——井冈山革命根据地。

② 南昌八一起义：1927 年 8 月 1 日，周恩来、贺龙、叶挺、朱德、刘伯承等领导国民革命军两万余人，在江西南昌举行武装起义，占领了南昌城。南昌起义打响了武装反抗国民党反动派的第一枪，是中国共产党独立创建人民军队和领导武装斗争的开始。

一切权力归农会(吴锡林提供)

土地革命①,建苏维埃政权②,敢教日月换新天③。

① 土地革命:1927年至1937年,中国共产党在革命根据地开展打土豪、分田地、废除封建剥削和债务、满足农民土地要求的革命。

② 苏维埃政权:1931年11月,中国共产党在江西瑞金成立中华苏维埃共和国临时中央政府,中国苏维埃政权诞生。

③ 敢教日月换新天:出自毛泽东的《七律·到韶山》诗。

抗日宣传团

国事本艰难，东邻[①]乘机，铁骑踏圣土，钢刀杀同胞，弹丸之国欲灭华夏，世上真有蛇吞象，中华民族到了最危险的时候；

① 东邻：这里指日本。

把日本侵略者描绘成困兽的宣传画(吴锡林提供)

兄弟阋于墙，外御其侮①，国共再合作②，地不分南北，人不分老幼，普天之下同抗战，用我们的血肉筑成新的长城！

---

① 兄弟阋于墙，外御其侮：阋(xì)：争吵。出自《诗经·小雅·常棣》。兄弟们虽然在家里争吵，但能一致抵御外人的欺侮。这里比喻内部虽有分歧，但能团结起来对付外来侵略。

② 国共再合作：指抗日战争时期中国国民党和中国共产党建立抗日民族统一战线，共同抵御日本侵略的第二次国共合作。第一次国共合作是1924年至1927年大革命时期，国共两党建立革命统一战线，开创中国民主革命的新局面。

日本中国派遣军司令向中国政府代表(左)递交投降书

抗日战争①胜利,是中国人民伟大胜利,是中华民族精神之伟大胜利!

---

① 抗日战争:指1937年至1945年中国人民抗击日本帝国主义侵略的正义战争。是近代以来中国反抗外敌入侵第一次取得完全胜利的民族解放战争,是世界反法西斯战争的重要组成部分。

转战陕北

外患已除，中国向何方，问苍茫大地谁主沉浮[①]？人心有向背，历史自决择，钟山风雨送斜阳[②]；

① 问苍茫大地谁主沉浮：出自毛泽东的《沁园春·长沙》词。

② 钟山风雨送斜阳：代指南京蒋介石政权垮台。钟山：古称金陵山，汉时称钟山，在今江苏南京市区东。

解放战争[①]，正义之战争，辽沈、淮海、平津[②]决胜负，工农得翻身，人民当主人，雄鸡一唱天下白。

① 解放战争：也称“第三次国内革命战争”，是1946年6月至1949年9月中国人民解放军在中国共产党领导和广大人民群众支援下，为推翻国民党统治、解放全中国而进行的战争。解放战争摧毁了国民党各级反动政权，从根本上推翻了帝国主义、封建主义和官僚资本主义在中国的统治。1949年10月1日，中华人民共和国宣告成立。

② 辽沈、淮海、平津：指1948年9月至1949年1月，中国人民解放军同国民党军队进行的战略决战，合称为“三大战役”。三大战役历时142天，共争取起义、投诚、接受和平改编与歼灭国民党正规军一百五十余万人，国民党赖以维持其统治的主要军事力量基本上被消灭。三大战役的胜利，奠定了人民解放战争在全国胜利的基础。

占领南京总统府(邹健东提供)

中华人民共和国成立，中国人民从此站起来！春满人间世，日照大旗红。

人民大会堂。它的建设只用了十个多月的时间

新的中国，万象更新，激情岁月，人人扬眉，自力更生，艰苦奋斗，鼓足干劲，力争上游，多快好省[1]建家园；

---

① 鼓足干劲，力争上游，多快好省：1958年5月，中国共产党召开第八次全国代表大会第二次会议，会议通过了“鼓足干劲、力争上游、多快好省地建设社会主义”的总路线。

百废待兴，宏图大展，宪法[①]出世，一五[②]实施，调整巩固，充实提高[③]，万隆会议[④]，求同存异，红色中国巍然立。

① 宪法：此处指1954年宪法，即中华人民共和国第一部宪法。

② “一五”，指中华人民共和国国民经济和社会发展第一个五年计划。一五计划基本完成对农业、手工业和私营工商业的社会主义改造。

③ 调整巩固，充实提高：1961年1月14日至18日，中国共产党第八届中央委员会第九次全体会议在北京召开，会议通过了对国民经济进行“调整、巩固、充实、提高”的方针。这“八字方针”对调整国民经济、克服严重的经济困难起了重要作用。

④ 万隆会议：1955年在印度尼西亚万隆召开。这是第一次没有殖民主义国家参加的亚非国际会议。针对帝国主义破坏会议的阴谋和各国间的矛盾分歧，中国代表团团长周恩来提出“求同存异”的方针，促成了会议的圆满成功，也促进了中国同亚非各国的团结与合作。

两弹一星元勋钱学森

国虽不富，志气当先，犹研制两弹一星①，蘑菇云曾惊世界；

① 两弹一星：指我国独立研制成功的导弹、核弹（原子弹、氢弹）和人造地球卫星。1960年11月，我国完成了对苏式P—2导弹的仿制，并发射试验成功，导弹研制迈出了重要的一步。1964年10月，我国第一颗原子弹爆炸成功。1967年6月，首次氢弹爆炸试验成功。1970年4月，我国第一颗人造卫星发射成功。

抗美援朝慰问团

吾不好战，亦不可犯，志愿军过鸭绿江，抗美援朝①壮国威！

① 抗美援朝：1950 年至 1953 年，中国人民组成志愿军，为援助朝鲜人民抵抗美国侵略、保卫国家安全而进行的战争。战争历时两年零九个月，最终迫使以美国为首的联合国军签订《朝鲜停战协定》。抗美援朝战争的胜利，保卫了朝鲜民主主义人民共和国的独立，捍卫了新中国的安全。

长江大桥[①]，大庆油田[②]，解放汽车[③]，万吨压机[④]，合胰岛素[⑤]，要建立自己工业基础，领袖纵论十大关系[⑥]；

---

① 长江大桥：这里指第一座长江大桥——武汉长江大桥。

② 大庆油田：1959 年 9 月 26 日，在黑龙江肇州县大同镇发现，由于正值中华人民共和国十年大庆，故名“大庆油田”。1960 年开发投产，从此我国实现了石油的基本自给。

③ 解放汽车：1956 年 7 月，长春第一汽车制造厂生产出第一辆解放牌汽车，结束了我国不能制造汽车的历史。

④ 万吨压机：1961 年 12 月，上海江南造船厂建成国内第一台 1.2 万吨水压机，填补了我国重型机械工业的一项空白。

⑤ 合胰岛素：1965 年，我国在世界上首次用人工方法合成结晶牛胰岛素，具有与天然牛胰岛素相同的生物活力和结晶形状。它标志着人类在探索生命奥秘的征途中迈出关键性的一步。

⑥ 十大关系：指毛泽东同志 1956 年 4 月 25 日在中共中央政治局扩大会议上的讲话——《论十大关系》。该讲话概括论述了我国社会主义建设中重工业和轻工业、农业，沿海工业和内地工业，经济建设和国防建设，国家、生产单位和生产者个人，中央和地方，汉族和少数民族，党和非党，革命和反革命，是非，中国和外国等十个重要关系。

毛泽东手迹：百花齐放，百家争鸣

百花齐放，百家争鸣[①]，洋为中用，古为今用，推陈出新，要繁荣发展文学艺术，为现实服务是旨归。

---

① 百花齐放，百家争鸣：简称“双百”方针，即艺术上百花齐放，学术上百家争鸣。是中国共产党1956年6月正式提出的发展、繁荣社会主义中国的科学、文化、艺术事业的基本方针。这一方针对于充分调动文化艺术和科学工作者为人民服务，为社会主义服务的积极性和创造性，发展和繁荣我国科学文化事业发挥了重要作用。

大庆职工经过三年自力更生，艰苦奋斗，建起了中国第一个大油田（袁苓提供）

建国十七载，风风雨雨，坎坎坷坷，小眚[1]不掩大德，祖国在发展，人民在前进，民族复兴奠根基。

---

① 眚(shěng)：原指眼睛疾病，后引申为过失。

大跃进

急于求成，好大喜功，继续革命，斗争是纲①，白玉有瑕伟人有误；

① 继续革命，斗争是纲：是毛泽东晚年关于在社会主义阶段阶级斗争错误观点的概括，是发动和指导“文化大革命”的错误理论，也是“文化大革命”中林彪、江青两个反革命集团篡党夺权的理论依据。

"北工革命造反宣传队"在人民日报社门前宣传
"造反有理"、"破四旧、立四新"(许林提供)

城狐社鼠[①],大奸似忠,兴风作浪,蛊惑人心,"文革"动乱[②]终酿成。

① 城狐社鼠:城墙上的狐狸,土地庙里的老鼠。比喻依靠权势为非作歹,一时难以驱除的小人。

② "文革"动乱:指1966年至1976年由毛泽东错误发动和领导,被林彪、江青两个反革命集团利用,给党、国家和各族人民带来严重灾难的内乱。

粉碎“四人帮”后的群众欢庆场面

十年动乱，十年灾难，祸国殃民，沉重教训永记取；万劫不毁，浴火重生，鲲鹏再起，党心民心不可摧。

痛定思痛，百慧乃生。邓小平顺天应人，破两个凡是[①]，辨真理标准，正本清源，拨乱反正，解放思想，实事求是，团结一致向前看；

---

① 两个凡是：即“凡是毛主席作出的决策，我们都坚决维护；凡是毛主席的指示，我们都始终不渝地遵循”。“两个凡是”实质是延续毛泽东晚年的“左”倾错误，阻挠拨乱反正的进行。

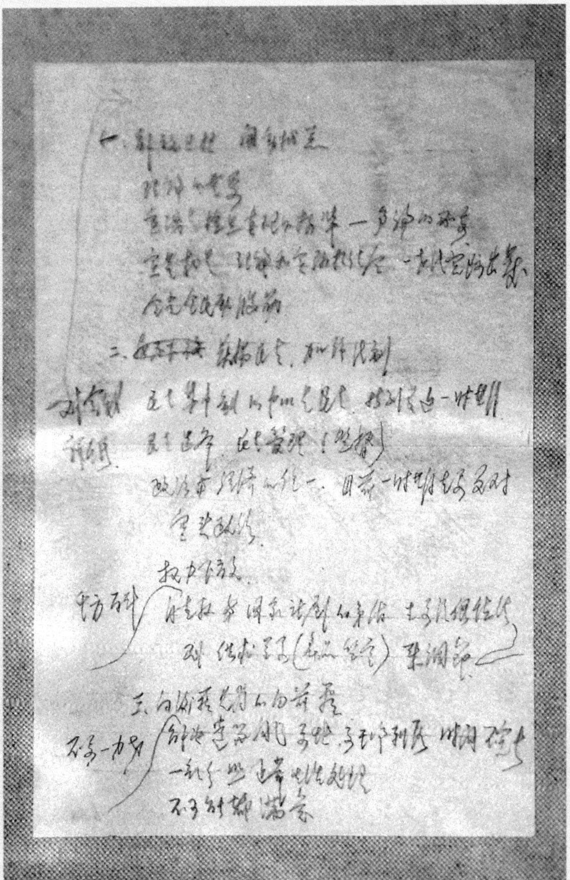

1978年12月13日，邓小平在中央工作会议前拟定的讲话提纲手稿。邓小平在此次会上所作《解放思想，实事求是，团结一致向前看》的讲话，实际上成为中共十一届三中全会的主题报告

总设计师[1]绘蓝图，对外开放，内兴改革，联产承包[2]，减政放权，企业自主，划分特区，经济建设为中心。

① 总设计师：这里指邓小平。党的十一届三中全会以来，邓小平创立和发展了建设有中国特色社会主义理论，制订了党在社会主义初级阶段“一个中心、两个基本点”的基本路线，确立了党在经济、政治、外交、教育、科技、文化、军事、祖国统一、党的建设等方面的一整套方针政策，成功地开辟了在改革开放中实现社会主义现代化的新道路，被称为“中国社会主义改革开放和现代化建设的总设计师”。

② 联产承包：即家庭联产承包责任制。党的十一届三中全会以后，党和政府在农村实行改革，即农户以家庭为单位向集体组织承包土地等生产资料和生产任务的农业生产责任制形式。其基本特点是在保留集体经济必要的统一经营的同时，集体将土地和其他生产资料承包给农户，承包户根据承包合同规定的权限，独立做出经营决策，并在完成国家和集体任务的前提下分享经营成果。

1984年10月1日，新中国成立35周年国庆，天安门金水桥前，北京大学生物系游行队伍中学生突然亮出“小平您好”的横幅

恢复高考[①]，已断文脉又续起；科教优先，巨龙重插垂天翼；依法治国，行止奖惩皆有序。

① 恢复高考：1977年，中国恢复了由于“文化大革命”的冲击而中断了11年的高考制度。当年全国有570万知识青年参加了高考，最后录取了27.3万人。恢复高考制度，是十一届三中全会以后教育领域的拨乱反正，在全社会重新树立起了尊重知识、尊重人才的观念。不仅具有重大的现实意义，而且具有深远的历史意义。

改革开放三十年[①]，一万个日日夜夜，天天演绎春天故事[②]，时时创造人间奇迹，五千年文明积淀瞬间绽放，三百载落伍一朝赶齐，综合国力已不可小觑；

---

① 改革开放三十年：自1978年党的十一届三中全会做出实行“改革开放”的决策至2008年，共经历了三十年。

② 天天演绎春天故事：“春天故事”，源于描述改革开放和现代化建设的总设计师邓小平同志南巡的歌曲《春天的故事》。这里用以说明我国改革开放三十年发生的巨大变化和取得的重大成就。

上海浦东陆家嘴暮色

改革开放三十年，一座座城市崛起，千千万万厂房林立，无数俊才走出国门，滚滚外资济我所需，粮棉堆积物质尽有，亿万同胞充满欢歌笑语。

妙策一国两制①，港澳顺利回归②，紫荆莲花簇牡丹，香江濠江映红旗③。

① 一国两制："一个国家，两种制度"的简称。其含义是，在一个中国的前提下，国家的主体坚持社会主义制度，台湾、香港、澳门是中国不可分离的组成部分，它们作为特别行政区保持原有的资本主义制度和生活方式长期不变，享有高度的自治权。

② 港澳顺利回归：指香港、澳门回归祖国的重大历史事件。1997 年 7 月 1 日，中国政府恢复对香港行使主权，中华人民共和国香港特别行政区成立；1999 年 12 月 20 日，中国政府恢复对澳门行使主权，中华人民共和国澳门特别行政区成立。

③ 紫荆莲花簇牡丹，香江濠江映红旗：紫荆花是香港市花，代表香港；莲花是澳门市花，代表澳门；香江是香港的别称，濠江是澳门的别称。这里用以形容香港、澳门偎依在祖国母亲的怀抱，与祖国同呼吸，共命运。

香港回归当夜，香港维多利亚海湾焰火盛会（石宝琇提供）

国家体育场“鸟巢”外景

北京奥运会，精彩绝伦，同一个世界，同一个梦想，东西方文明再次交汇，人类圣火更加明亮。

嫦娥飞天美如画[①]，神舟数度访吴刚[②]，惊喜岂止千家泪，斟满桂花荐轩辕[③]。

① 嫦娥飞天美如画：2007年10月，我国自主研制并发射的首个月球探测器“嫦娥一号”发射成功。嫦娥，神话传说中后羿之妻，美貌非凡，后飞天成仙，住于月亮仙宫。

② 神舟数度访吴刚：1999年至2008年，我国共成功发射7艘“神舟”号系列宇宙飞船。吴刚，神话传说中为月宫中的仙人。

③ 斟满桂花荐轩辕：桂花，这里指桂花酒。传说月中仙人吴刚赐人间桂子，桂树开花，采花酿酒。轩辕，即黄帝。姓公孙，居轩辕之丘，故号轩辕氏。荐，进献。本句指我国载人航天工程、“嫦娥工程”取得的骄人成就，是中国人民攀登世界科技高峰的伟大壮举，是我国航天事业发展的里程碑，足以告慰先人。

汶川大地震悼念日当天北京天安门广场情景

汶川大地震，是天灾，是国殇，军民众志成城，大爱相互扶将[1]，厄难使人心更齐，烈火锻炼脊梁。

① 扶将(jiāng)：搀扶，扶持。

三十年改革开放，三十年见证辉煌。三十年最大变化，是国民精神，是家家户户富裕安康，是一张张笑脸灿若朝阳。农民造免交农赋鼎[①]，铸就万民心愿，铭刻时代荣光。

① 农民造免交农赋鼎：2005 年 12 月 29 日，第十届全国人民代表大会常务委员会第十九次会议通过决定，自 2006 年 1 月 1 日起废止《农业税条例》。这对于减轻农民负担，增加农民收入，调动农民生产积极性具有重要意义，得到了广大农民的衷心拥护。2006 年，河北省灵寿县青廉村村民王三妮自铸“告别田赋鼎”，纪念国家免征农业税的惠农政策。

首都机场 T3 航站楼

民族伟大复兴，靠的是共产党英明领导，靠的是特色之路大道康庄。

初冬雪后，黎明的曙光映耀京城（冯军提供）

邓小平理论、三个代表思想、科学发展观，与马列主义、毛泽东思想，既一脉相承，又与时发扬，真理的光芒始终指引着前进方向！

北京天安门城楼及华表

人人盼富强，代代盼富强，中华民族迎来了复兴的曙光；五岳[①]在欢唱，江河[②]在欢唱，中华民族迎来了复兴的曙光。

---

① 五岳：我国五大名山的总称。即东岳泰山、南岳衡山、西岳华山、北岳恒山、中岳嵩山。

② 江河：指长江和黄河。

汉龙纹瓦当

可以告慰于皇天后土[1]，可以告慰于列祖列宗，龙凤的传人[2]必将骄傲于天下，神州福地必将为世界所景仰！

① 皇天后土：皇天，指上帝、天帝；后土，指土地神。皇天后土，泛指天地诸神。

② 龙凤的传人：龙、凤均为中国古代先民的图腾，“龙凤传人”即指中华民族和炎黄子孙。

天坛圜丘

科学发展观合千古之道，天地人和福禄绵长[1]。东方智慧将灌溉万有[2]，大同世界亦可期可望！

---

① 天地人和福禄绵长：天、地、人三者和谐相生，福禄绵绵不绝。

② 万有：宇宙间所有事物。

中国共产党第十八次代表大会剪影

盛世必现祥瑞，大业需待伟人。中国共产党十八大圆满召开，承前启后，北辰众星之局已布；元首发出时代最强音“中国梦”，继往开来，旷古宏

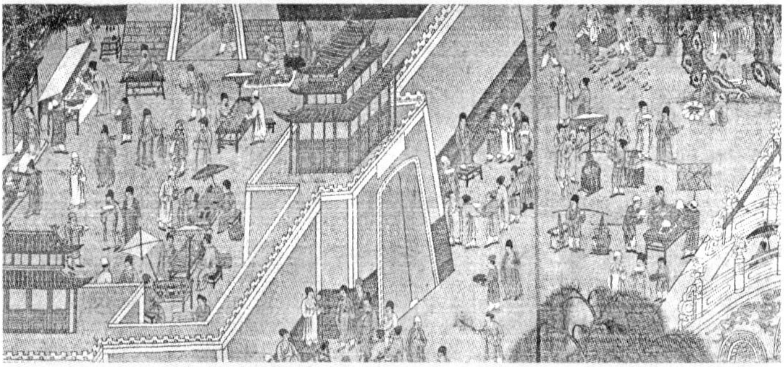

反映古代盛世景象的《皇都积胜图》

谟[①]之筹既定。伟大复兴中国梦，国家富强梦，民族振兴梦，人民幸福梦，百年之共同夙愿，数代之不懈追求，今朝才变得清晰可睹。

---

① 宏：宏大，宏伟。谟：谋略，计谋。宏谟：即宏谋。

中国共产党七届二中全会剪影

伟大复兴中国梦，本是我的梦，也是你的梦，还是他的梦，大梦小梦梦梦相通，两岸三地聚于一帜，谁能挡住十三亿人之步武！任重则节谨，两个务必[1]，扎根群众，防微杜渐，整肃“四风”[2]，正人先正己，打铁还要自身硬！

① 两个务必：1949 年 3 月，毛泽东在党的七届二中全会上要求全党，在胜利面前要保持清醒头脑，在夺取全国政权后要经受住执政的考验：务必使同志们继续地保持谦虚、谨慎、不骄、不躁的作风，务必使同志们继续地保持艰苦奋斗的作风。2013 年 7 月 11 日，习近平在西柏坡发表讲话，再次强调“两个务必”。

② 四风：即形式主义、官僚主义、享乐主义和奢靡之风。由习近平在 2013 年 6 月 18 日于北京召开的中国共产党的群众路线教育实践活动工作会议上提出。“四风”问题是违背党的性质和宗旨的，是人民群众深恶痛绝、反映最强烈的问题，也是损害党群干群关系的重要根源。整肃“四风”，即致力于解决上述作风问题，保持党的先进性和纯洁性，保持党同人民群众的血肉联系。

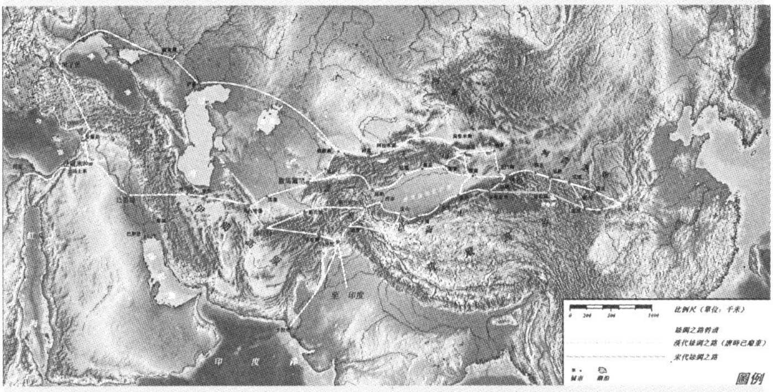

古代陆路丝绸之路示意图

道远则行坚，一分部署，九分落实，踏石留印，抓铁有痕，善作且善成①，一张蓝图绘到底。大国崛起日可期，伟大复兴不可逆。丝绸之路通万国，汉风

---

① 善作善成：源于《战国策·燕策》中“善作者不必善成，善始者不必善终”，意为善于开创的，不一定善于完成；有好的开始，不一定有好的结局。本处反其意而用之。

敦煌壁画中描绘的往返于丝绸之路上的商队

唐韵熏无极。为而不争，中华民族之复兴，是和平发展，是合作共赢，永不称霸，永不扩张，君子一言，驷马难追，愿人类从此永享安乐康宁！

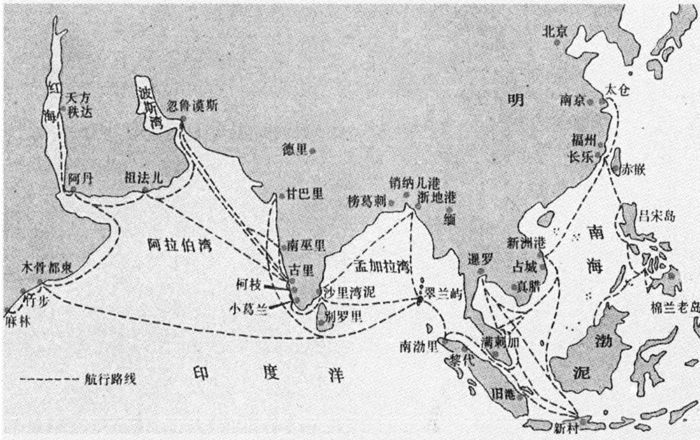

郑和下西洋路线图

美好温馨中国梦，与四海相接，与五洲相融，既造福吾邦，亦惠及八纮①，美人之美，美美

① 八纮：八方极远的地方。

与共[①]，长江黄河将高奏博爱黄钟。环球同此凉热，世界共臻佳境[②]。海内尽是兄弟，天涯无非宾朋，此乃华夏文明亘

---

① 美人之美，美美与共：1990 年 12 月，日本著名社会学家中根千枝教授和乔健教授在东京主持召开“东亚社会研究国际研讨会”，为费孝通八十华诞贺寿。会上费孝通发表了《人的研究在中国——个人的经历》的主题演讲，总结出“各美其美，美人之美，美美与共，天下大同”的十六字箴言。各美其美，是指各个民族都有自己的价值标准，各自有一套自己认为是美的东西。这些东西在别的民族看来不一定美，甚至会觉得丑恶，不堪入目。美人之美，是指民族间能相互尊重对方的价值标准，对别的民族觉得美的东西也觉得美，是高一级的境界。美美与共，是指不仅能容忍不同价值标准的存在，进而能赞赏不同的价值标准，这样距离建立共同的价值不远了，即中国古人所理想的“天下大同”。

② 环球同此凉热，世界共臻佳境：“环球同此凉热”，语出毛泽东《念奴娇·昆仑》词，原句为“太平世界，环球同此凉热”，重在强调世界的一体性。此处整句意为世界万物普遍联系，相互依存，相互影响，各国间通过政治、经济、文化等交流，共同进步，并达到理想的大同境界。

古之理念，更是炎黄子孙神圣之担承。红雨随心翻作浪，青山着意化为桥[1]。东方浩荡春万里，神州大地日月高。

① 红雨随心翻作浪，青山着意化为桥：语出毛泽东《七律二首·送瘟神》，意为落花随着自己的心意翻波逐浪，青山也有意地化崎岖险阻为康庄大道，为人们作桥梁。多喻天随人愿，事情顺利。

北京天安门广场民族团结柱(张国荣提供)

当此之世，抚今追昔，展望未来，感慨万千！一人唱之，万人和之：五十六个星座五十六支花，五十六族兄弟姐妹是一家，五十六种语言汇成一句话：爱我中华！爱我中华！

附录

大中华赋[1]

——为中华民族的伟大复兴而歌

刘长允

① 原发表于2009年11月4日《人民日报》，此次出版略有改动。书中注释部分由山东大学邵明华博士提供。

盘古开天，日出东方。昆仑巍巍，黄河泱泱。大化流行，万类咸章。巨龙腾空，彩凤飞翔。乾道成男，坤道成女。山顶洞中燃起不灭之火，半坡村里传出歌声嘹亮。爰有人类，即有中华。何为中华？中正而光大之谓也！天本不倾，女娲补天天增彩；地实有洪，大禹治水水向东。三皇五帝事虽邈，尧天舜日犹可征。诸祖争雄无是非，万代子孙宗炎黄。吾先民勤奋，艺植百谷，揉木为耒，结绳为网，以佃以渔，上栋下宇待风雨；吾先民英武，搏击猛兽，服牛乘马，披荆斩棘，跋山涉水，烈风雷雨而弗迷。尤赞我先民之聪慧：仰观天文，俯察地理，近取诸身，远取诸物，创立文字，惊天地而泣鬼神！想我中华五千年灿烂之文明，端赖神奇文字传承之伟功！

夏商周秦汉，唐宋元明清。朝代有更替，长江后浪推前浪；期求无所变，富民强国大同梦！商汤革命，已知民听即天听；周虽旧邦，更感维新事方成。周公吐哺，制礼作乐，中华千秋存法统。五霸七雄各有志，风云激荡，尽显英雄真本色；司马大法孙武谋，以战止战，自古攻城非上策。始皇称帝，一统四海，车同轨，书同文，置郡县，万里长城今犹在。楚汉相争，高祖开业四百载，霸王豪情冲云霄。文景之治，仓溢贯朽；武帝雄略，开疆展土。魏晋虽纷乱，开发江南，民族融合，体悟人生，华夏亦添新景致；隋祚虽短促，开科取士，兴建义仓，名桥遗世，京杭运河荡清波。夫惟吾大唐兮，更堪自豪：贞观日月千般好，开元风物最迷人。遣唐使曾塞道路，他国丝竹随处闻。宋祖乃真英雄，陈桥兵变，市不易肆，杯酒论心，大将解印，理性开国冠千古；大宋犹有可书，重文崇儒，安石变法，樊楼灯火，纸币交子，南北漕运，清明岁岁上河图。噫！一代天骄，成吉思汗，何止弯弓射大雕：铁骑曾飙华夏风，健儿几望域外月。大哉朱棣，伟哉郑和：宝船七下西洋，惊涛巨浪不为阻；嘉会数十友邦，只将仁爱布四方。康乾亦盛世兮，人丁兴旺，生活殷实，天下一家欣同庆；九州一体，疆土再固，台湾宝岛入版籍。

吾大中华文化灿烂兮，日月同光。文言表万象，水性虚而沦漪结；华章载大道，木体实而花萼振。《三坟》、《五典》、《八索》、《九丘》，洪荒之纪即有典；惟精惟一，允执厥中，千古之道有心传。删《诗》、《书》，订《礼》、《乐》，赞《周易》，作《春秋》，创儒学，为民立极，天叫孔子集大成；倡仁爱，讲孝悌，肃纲常，贵中和，传六艺，杏坛春暖，仲尼秉烛照万年。老聃亦睿智矣！参透天地，道法自然，无为而治，知足常乐，教吾人生无烦扰；墨翟亦伟大矣！兼爱非攻，兴利除害，摩顶放踵，扶危济困，舍己为人身作范。尚有名家、法家、阴阳家，诸子百家齐争鸣。司马迁撰著《史记》，有本纪，有世家，有列传，通古今之变，终成史家之绝唱；中华历朝重修史，有《汉书》、《后汉书》、《三国志》，凡二十五史，博古通今何皇皇！关关雎鸠，在河之洲，三百篇已开诗韵；《离骚》、《九歌》，屈子行吟，后来大赋皆有源。李太白豪放而浪漫，黄河之水天上来，奔流到海不复回；杜子美沉郁而奇绝，锦江春色来天地，玉垒浮云变古今。苏东坡词亦妙哉，明月几时有，把酒问青天；李清照不让须眉，吟帘卷西风，人比黄花瘦。文章千古事，韩昌黎著《原道》、《师说》，雄文起八代之衰；得失寸心知，范仲淹赋《岳阳楼记》，先天下之忧而忧。佛教虽发祥于天竺，吾志士仁人万里求法不辞远，有道相迎，与儒可融，莲花终究开中土；菩萨本不分别于彼此，然吾善男信女诚心可以致灵，千手千眼，大慈大悲，异样青睐护炎黄。程朱理学，民胞物与，格物致知，天理流行，欲为天地再立心；陆王心学，心外无物，发明本心，剥落物欲，要为万世开太平！夫罗贯中、施耐庵、吴承恩、曹雪芹，俱为如椽通天大手笔；《三国演义》、《水浒传》、《西游记》、《红楼梦》，皆是千古不朽之名著。吾中华灿烂之文化实乃不可尽叙，犹有书法和绘画，亦足以聚天地之灵，而表人间之情也！

宇宙只分阴阳，万物归类金木水火土，大智弥纶天地之道；八卦鉴往知来，推演全靠天干地支，高妙与鬼神合其德。辰宿列张，星分二十八野，先民人人知天文；观象授时，节有二十四气，历法领先两千年。河图洛书，九九归一，叁伍其变，华夏术数通幽冥；商功均输，勾股方程，祖氏圆率，《九章算术》可测天。四季分明，风调雨顺，家盼六畜兴旺，国庆五谷丰登，吾邦从来重农桑；修都江堰，创区田法，贾氏《齐民要术》、光启《农政全书》，汗水换来大有年。山山有宝藏，代代出大匠，烈火熔化金银铜铁锡；铸司母戊鼎，炼绕指精钢，世传吴王金戈越王剑。尧舜即善陶，陶瓷本一源，唐有三彩，宋有青红，景德镇瓷扬天下；如冰且似玉，千峰翠色来，既为日用，又足鉴赏，竟将瓷器代中华。吾族善营造，西周即讲明堂，左盘青龙，右踞白虎，藏风得水宜人居；构琼楼玉宇，建亭榭台阁，雕梁画栋，勾心斗角，庭院深深深几许。岐黄传寿道，《黄帝内经》、《伤寒杂论》、《本草纲目》、药散针砭除魔障；阴阳与虚实，望闻问切，扶正祛邪，温补清泄，中华医术可回春。吾中华儿女最堪骄傲者，乃四大发明，亦予人类四大贡献也！司南永指南，尘沙扑面知所趋；纸香传万国，文明之风吹新花；活字印刷功千倍，大巧原本是布衣；火药虽烈不为暴，只向天边生彩霞。

天行健，君子以自强不息；地势坤，君子以厚德载物。华夏探得至道，一个“中”字协万理；神州获有大宝，一个“和”字生万机。人与天合，阳光雨露春常在；人与人合，四海之内皆兄弟；人与己合，淡定从容心安泰。仁者爱人，惟仁可依，仁是大情，故可杀身以成仁；义者宜也，惟义可就，义乃至公，故可舍生以取义。天地间本有正气，我族养之成浩然：富贵不能淫，贫贱不能移，威武不能屈。三军可夺帅也，匹夫不可夺志也。苏武牧羊，历千辛万苦，凛然持节十九载；天祥忠义，甘血染黄沙，留取丹心照汗青。惜身恋家必爱国，高莫过父母之邦，与国荣辱，苟利国家生死以；爱国必重大一统，最盼遐迩一体，为固金瓯，岂因祸福避趋之。乌鸦尚能反哺，教化自古重孝道，事亲在敬，寸草难报三春晖；人非生而知之，唯有师者可解惑，程门立雪，一日之师终生恩。养心莫大于诚，诚信百善出，一诺千金，俯仰无愧，中华做人有标准；察人可观其友，交友贵相知，管仲鲍叔，子期伯牙，高山流水颂友情。天地有大美不言，华夏向往真善美，松柏喻骨，梅兰比质，冰玉拟态，直叫清凉漫世界；夫妇乃人伦之始，爱情为情中之巅，举案齐眉，梁祝化蝶，白蛇传说，竟使山河动颜色！

日月有明暗，国运有盛衰。九州之外尚有九州，一国之外尚有万国。鸦片战争炮声，惊醒天朝上国迷梦；西风欧雨吹打，动摇巍巍汉阙秦宫。泱泱东方大国，竟置于岌岌可危之地：蚕食鲸吞，已效尤于接踵；瓜分豆剖，实堪虑于目前。风雨如磐，山河破碎：四万万人齐下泪，天涯何处是神州。噫！吾五千年文明大国岂可一蹶不振，巨躯虽弱胆魄在；吾高贵之炎黄子孙哪堪久居人下，飞龙在天待时机。《海国图志》、《瀛环志略》，睡狮睁眼看世界；物竞天择，适者生存，自珍严复鸣先声。金田起义，义和团灭洋，从来民心可依仗；虎门销烟，三元里抗英，百年奋争序幕开。公车上书，痛陈国是，三千举子同振挽；康梁变法，百日维新，嗣同之血岂白流。孙中山立志救国，首倡振兴中华，创同盟会，辛亥革命功勋著；奔走国事三十年，历数十次起义，愈挫愈奋，千年帝制终推倒。五四运动，思想新潮涌，大钊、独秀鼓新说，救国救民，科学民主可作舟；志士仁人，探索千条路，九天之雷接地火，水到渠成，马列主义传中国。中国共产党诞生，镰刀斧头昭日月，毛泽东、周恩来等皆天降之才，天下归心，一代英杰风云会；要实现大同理想，宗旨为人民服务，志坚可跋山涉水二万五千里，星火燎原，华夏从此纪新元。秋收暴动，南昌八一起义，为有牺牲多壮志；土地革命，建苏维埃政权，敢教日月换新天。国事本艰难，东邻乘机，铁骑踏圣土，钢刀杀同胞，弹丸之国欲灭华夏，世上真有蛇吞象，中华民族到了最危险的时候；兄弟阋于墙，外御其侮，国共再合作，地不分南北，人不分老幼，普天之下同抗战，用我们的血肉筑成新的长城！抗日战争胜利，是中国人民伟大胜利，是中华民族精神之伟大胜利！外患已除，中国向何方，问苍茫大地谁主沉浮？人心有向背，历史自决择，钟山风雨送斜阳；解放战争，正义之战争，辽沈、淮海、平津决胜负，工农得翻身，人民当主人，雄鸡一唱天下白。中华人民共和国成立，中国人民从此站起来！春满人间世，日照大旗红。

新的中国，万象更新，激情岁月，人人扬眉，自力更生，艰苦奋斗，鼓足干劲，力争上游，多快好省建家园；百废待兴，宏图大展，宪法出世，一五实施，调整巩固，充实提高，万隆会议，求同存异，红色中国巍然立。国虽不富，志气当先，犹研制两弹一星，蘑菇云曾惊世界；吾不好战，亦不可犯，志愿军过鸭绿江，抗美援朝壮国威！长江大桥，大庆油田，解放汽车，万吨压机，合胰岛素，要建立自己工业基础，领袖纵论十大关系；百花齐放，百家争鸣，洋为中用，古为今用，推陈出新，要繁荣发展文学艺术，为现实服务是旨归。建国十七载，风风雨雨，坎坎坷坷，小眚不掩大德，祖国在发展，人民在前进，民族复兴奠根基。急于求成，好大喜功，继续革命，斗争是纲，白玉有瑕伟人有误；城狐社鼠，大奸似忠，兴风作浪，蛊惑人心，文革动乱终酿成。十年动乱，十年灾难，祸国殃民，沉重教训永记取；万劫不毁，浴火重生，鲲鹏再起，党心民心不可摧。痛定思痛，百慧乃生。邓小平顺天应人，破两个凡是，辨真理标准，正本清源，拨乱反正，解放思想，实事求是，团结一致向前看；总设计师绘蓝图，对外开放，内兴改革，联产承包，减政放权，企业自主，划分特区，经济建设为中心。恢复高考，已断文脉又续起;科教优先,巨龙重插垂天翼;依法治国,行止奖惩皆有序。改革开放三十年,一万个日日夜夜,天天演绎春天故事,时时创造人间奇迹,五千年文明积淀瞬间绽放,三百载落伍一朝赶齐,综合国力已不可小觑;改革开放三十年,一座座城市崛起,千千万万厂房林立,无数俊才走出国门,滚滚外资济我所需,粮棉堆积物质尽有,亿万同胞充满欢歌笑语。妙策一国两制,港澳顺利回归,紫荆莲花簇牡丹,香江濠江映红旗。北京奥运会,精彩绝伦,同一个世界,同一个梦想,东西方文明再次交汇,人类圣火更加明亮。嫦娥飞天美如画,神舟数度访吴刚,惊喜岂止千家泪,斟满桂花荐轩辕。汶川大地震,是天灾,是国殇,军民众志成城,大爱相互扶将,厄难使人心更齐,烈火锻炼脊梁。三十年改革开放,三十年见证辉煌。三十年最大变化,是国民精神,是家家户户富裕安康,是一张张笑脸灿若朝阳。农民造免交农赋鼎,铸就万民心愿,铭刻时代荣光。民族伟大复兴,靠的是共产党英明领导,靠的是特色之路大道康庄。邓小平理论、三个代表思想、科学发展观,与马列主义、毛泽东思想,既一脉相承,又与时发扬,真理的光芒始终指引着前进方向!

人人盼富强，代代盼富强，中华民族迎来了复兴的曙光；五岳在欢唱，江河在欢唱，中华民族迎来了复兴的曙光。可以告慰于皇天后土，可以告慰于列祖列宗，龙凤的传人必将骄傲于天下，神州福地必将为世界所景仰！科学发展观合千古之道，天地人和福禄绵长。东方智慧将灌溉万有，大同世界亦可期可望！盛世必现祥瑞，大业需待伟人。中国共产党十八大圆满召开，承前启后，北辰众星之局已布；元首发出时代最强音“中国梦”，继往开来，旷古宏谟之筹既定。伟大复兴中国梦，国家富强梦，民族振兴梦，人民幸福梦，百年之共同夙愿，数代之不懈追求，今朝才变得清晰可睹。伟大复兴中国梦，本是我的梦，也是你的梦，还是他的梦，大梦小梦梦梦相通，两岸三地聚于一帜，谁能挡住十三亿人之步武！任重则节谨，两个务必，扎根群众，防微杜渐，整肃“四风”，正人先正己，打铁还要自身硬！道远则行坚，一分部署，九分落实，踏石留印，抓铁有痕，善作且善成，一张蓝图绘到底。大国崛起日可期，伟大复兴不可逆。丝绸之路通万国，汉风唐韵熏无极。为而不争，中华民族之复兴，是和平发展，是合作共赢，永不称霸，永不扩张，君子一言，驷马难追，愿人类从此永享安乐康宁！美好温馨中国梦，与四海相接，与五洲相融，既造福吾邦，亦惠及八纮，美人之美，美美与共，长江黄河将高奏博爱黄钟。环球同此凉热，世界共臻佳境。海内尽是兄弟，天涯无非宾朋，此乃华夏文明亘古之理念，更是炎黄子孙神圣之担承。红雨随心翻作浪，青山着意化为桥。东方浩荡春万里，神州大地日月高。当此之世，抚今追昔，展望未来，感慨万千！一人唱之，万人和之：五十六个星座五十六支花，五十六族兄弟姐妹是一家，五十六种语言汇成一句话：爱我中华！爱我中华！